D1618660

Big Island Hawaï
Guide de voyage 2024

Découvrez le meilleur de l'État d'Aloha

Robert R. Lightfoot

Table des matières

Table des matières   **3**

Introduction   7

Chapitre 1 : Arriver à la grande île   **11**

Voyages aériens et aéroports   11

Suggestions de voyage inter-îles   13

Destinations et ports de croisière   16

Chapitre 2 : Hébergements   **19**

Centres de villégiature et hôtels   19

Eco-Lodges et Camping   23

Chapitre 3 : Transport   **25**

Louer une voiture pour le transport   25

Transport en commun   29

Sentiers pour faire du vélo et de la marche   33

Chapitre 4 : Comprendre la grande île   **37**

Climat et géographie   37

Culture et Histoire   41

Faune et merveilles naturelles   44

Chapitre 5 : Plages et activités nautiques   **47**

Les plus belles plages à visiter   47

Sites de plongée en apnée et de plongée   51

Surf et Stand Up Paddle   55

Chapitre 6 : Parcs et attraits naturels   **59**

Parc national des volcans d'Hawaï   59

Sommet et observatoire du Mauna Kea   63

Vallée de Waipio et chutes d'Akaka   66

Chapitre 7 : Aventure et sports de plein air 71

Parcourez les meilleurs sentiers   71

Lava Tours   75

Tyrolienne et équitation   78

Chapitre 8 : Culture et patrimoine   **83**

Musées et sites historiques   83

Festivals et événements culturels   86

Art, musique et danse   91

Chapitre 9 : Restauration et cuisine   **97**

Aliments traditionnels hawaïens   97

Restaurants et gastronomie   101

Marchés de producteurs et produits locaux   104

Chapitre 10 : Shopping et souvenirs   **109**

Quartiers commerçants   109

Artisanat de la région   111

Galeries d'art et boutiques   115

Chapitre 11 : Itinéraires   **119**

   Un itinéraire de 5 jours   119

   Jour 2 : Monuments emblématiques   123

   Jour 3 : Perspectives historiques   127

   Jour 4 : Culture et Art   131

   Jour 5 : Aventure en plein air   135

**Chapitre 12 : Rester en sécurité et
responsable**   **139**

   Conseils de santé et de sécurité   139

   Étiquette culturelle et respect   141

annexe   **143**

   Phrases hawaïennes essentielles   143

   Liste de contrôle pour l'emballage   146

   Coordonnées   150

Introduction

Bienvenue sur la Grande Île

TLa grande île d'Hawaï est l'île la plus grande et la plus diversifiée de l'archipel hawaïen. La Grande Île abrite certaines des beautés naturelles les plus époustouflantes au monde, notamment le volcan actif Klauea, le sommet enneigé du Mauna Kea et la verdoyante vallée de Waipio. Avec ses temples anciens, ses villages historiques et ses festivals animés, la Grande Île possède également un riche héritage culturel. La Grande Île a quelque chose à offrir à tout le monde, que vous soyez en quête d'aventure, de loisirs ou d'inspiration.

Ce livre vous aidera à planifier votre voyage fantastique sur la Grande Île, avec des recommandations sur où séjourner, quoi faire et comment vous déplacer. Nous vous proposerons également certains des secrets et beautés cachées les mieux gardés de la grande île, afin que vous puissiez ressentir le véritable esprit d'aloha. Alors faites vos bagages, appliquez de la crème solaire et préparez-vous pour une aventure mémorable sur la grande île d'Hawaï.

Comment utiliser ce guide

Ce livre est destiné à vous aider à tirer le meilleur parti de votre séjour sur la grande île d'Hawaï. Il couvre tout ce que vous devez savoir avant de voyager, pendant votre séjour et à votre retour. Voici quelques conseils pour tirer le meilleur parti de ce guide :

Commencez par le chapitre Introduction, qui comprend un message d'accueil, un résumé de la Grande Île et quelques conseils généraux de voyage.

Parcourez les chapitres qui vous intéressent, ou si vous avez le temps, lisez-les tous. L'hébergement, les transports, les attractions, les activités, la culture, la gastronomie, le shopping, la vie nocturne, le bien-être et d'autres sujets sont abordés dans chaque chapitre. Il existe de nombreuses informations, suggestions, critiques, cartes, images et liens vers des ressources importantes.

Utilisez le chapitre Itinéraires et planification de voyage pour obtenir des suggestions sur la façon d'organiser votre itinéraire en fonction de vos goûts, de votre budget et de la durée du voyage. Il existe également des recommandations pour les débutants, des outils de préparation aux vacances et une liste de colisage.

L'annexe contient quelques termes hawaïens clés, des contacts cruciaux et d'autres informations utiles.

Bon voyage et donnez-nous votre avis. Nous serions ravis d'avoir de vos nouvelles afin que nous puissions améliorer ces informations pour les futurs visiteurs.

Chapitre 1 : Arriver à la grande île

Voyages aériens et aéroports

L'aéroport international de Kona (KOA) du côté ouest et l'aéroport international de Hilo (ITO) du côté est desservent la grande île d'Hawaï. Des vols nationaux et internationaux, ainsi que des vols inter-îles vers les îles hawaïennes voisines, sont disponibles dans les deux aéroports. Vous pouvez sélectionner l'aéroport qui vous convient le mieux en fonction de votre lieu de départ et de votre lieu de séjour sur la Grande Île.

L'aéroport international de Kona (KOA) se trouve à environ 11 km au nord de Kailua-Kona, la principale ville et centre touristique de la côte ouest de l'île. Avec plus d'options et de services aériens, KOA est le plus grand et le plus fréquenté des deux aéroports.

KOA est l'aéroport préféré des visiteurs intéressés à découvrir la côte ensoleillée et sèche de Kona, connue pour ses plages, ses stations balnéaires, ses terrains de golf et ses champs de café. KOA se trouve également à proximité de certaines des attractions les plus populaires de l'île, notamment le parc national des volcans d'Hawaï, le sommet du Mauna Kea et la vallée de Waipio.

L'aéroport international d'Hilo (ITO) se trouve à environ 3 km à l'est d'Hilo, la principale ville et capitale de la grande île. ITO est l'aéroport le plus petit et le plus calme des deux, avec moins d'options et d'installations aériennes. ITO est l'aéroport préféré de ceux qui souhaitent visiter la partie luxuriante et pluvieuse de Hilo, célèbre pour ses cascades, ses jardins, ses musées et ses événements culturels. ITO est également situé à proximité de certaines des attractions naturelles de l'île, notamment les chutes d'Akaka, Rainbow Falls et le parc d'État de Lava Tree.

Suggestions de voyage inter-îles

Si vous souhaitez visiter plus d'une île pendant votre séjour à Hawaï, vous devez organiser avec soin votre voyage inter-îles. Les voyages inter-îles peuvent prendre du temps, être coûteux et imprévisibles, en fonction de la météo, du trafic et de la disponibilité des avions et des ferries. Voici quelques conseils pour vous aider à maximiser vos voyages inter-îles :

Planifiez à l'avance les vols inter-îles. Plusieurs compagnies aériennes proposent des vols inter-îles, notamment Hawaiian Airlines, Mokulele Airlines et Southwest Airlines. Les vols durent généralement de 20 à 50 minutes, même s'ils peuvent se remplir rapidement, surtout pendant les saisons chargées. Réservez vos vols inter-îles le plus tôt possible, de préférence en même temps que votre voyage principal à Hawaï, pour bénéficier des meilleurs coûts et disponibilités.

Pensez à prendre le bateau au lieu de prendre l'avion. Si vous voyagez entre Maui et Lanai ou Maui et Molokai, vous pouvez prendre le bateau au lieu de voler. Le bateau est moins cher, plus rapide et plus pittoresque que l'avion, et vous échappez en outre aux contrôles de sécurité de l'aéroport et aux frais de bagages. Le bateau voyage plusieurs fois par jour et les billets peuvent être achetés en ligne ou au port. Visitez leur site Web pour en savoir plus sur le service de bateau.

Emballez léger et judicieusement. Voyager entre les îles peut être difficile si vous avez beaucoup de choses à transporter. Emportez léger et intelligent pour vous simplifier la vie. N'apportez que le nécessaire, comme des vêtements, des articles de toilette, des ordonnances et des papiers importants. Utilisez un bagage à main ou un sac à dos qui tient dans le compartiment supérieur ou sous le siège. Les objets lourds ou délicats, comme les planches de surf, les clubs de golf ou les instruments de musique, doivent être évités. Si vous devez enregistrer vos bagages, assurez-vous de bien les nommer et de conserver vos objets de valeur avec vous.

Planifiez soigneusement votre voyage. Les voyages inter-îles peuvent consommer une quantité importante de votre temps et de votre énergie, alors planifiez soigneusement votre itinéraire.

N'essayez pas de regrouper trop d'îles ou d'activités en trop peu de temps. Prévoyez suffisamment de temps pour découvrir chaque île et ses attractions sans vous sentir pressé ou stressé. Tenez compte du temps de trajet, de l'heure d'enregistrement, de la météo et du trafic. Soyez adaptable et prêt à tout ajustement ou retard. Plus important encore, amusez-vous et appréciez la beauté et la variété d'Hawaï.

Destinations et ports de croisière

Une croisière est une autre option pour se rendre sur la grande île d'Hawaï. Une croisière peut être un excellent choix pour ceux qui souhaitent visiter plusieurs îles en un seul voyage sans avoir à réserver de vols, d'hôtels ou de location de véhicules. Une croisière peut également inclure des installations à bord, des divertissements et des options de restauration, ainsi que des excursions et des activités à terre.

Les croisières aller-retour et les croisières aller simple sont les deux principaux types de croisières visitant la Grande Île. Les croisières aller-retour commencent et se terminent au même port, qui est généralement Honolulu, Oahu.

Les croisières aller simple commencent et se terminent dans un autre port, comme Vancouver, au Canada, ou San Diego, en Californie. Les croisières peuvent durer de 7 à 15 jours, selon l'itinéraire et le nombre d'îles visitées.

La Grande Île possède deux principaux ports de croisière : Kailua-Kona du côté ouest et Hilo du côté est. Les deux ports sont proches des aéroports et des grandes villes et offrent un accès facile aux attractions et activités de l'île. Voici quelques-unes des activités disponibles dans chaque port :

Kailua-Kona est un port tendre, ce qui signifie que vous devez prendre un petit bateau du bateau de croisière jusqu'à la plage. Une fois arrivé, vous pourrez visiter la ville pittoresque de Kailua-Kona, qui possède un front de mer historique, un centre commercial animé et une variété de restaurants et de bars. Vous pouvez également visiter les sites environnants, notamment le palais Hulihee, l'église Mokuaikaua et la baie de Kamakahonu.

Si vous vous sentez audacieux, vous pouvez également tenter certains sports nautiques comme la plongée en apnée, la plongée, le surf ou le paddleboard.

Hilo : Comme il s'agit d'un port d'amarrage, vous pouvez marcher directement du bateau de croisière jusqu'au rivage. À votre arrivée, vous pourrez explorer Hilo, une ville dynamique avec un riche passé culturel, une magnifique baie et un marché de producteurs coloré. Vous pouvez également visiter des sites locaux tels que Rainbow Falls, le parc et les jardins de Liliuokalani et le musée Lyman. Si vous recherchez un peu de nature et d'aventure, visitez certains des trésors naturels de l'île, comme le parc national des volcans d'Hawaï, les chutes d'Akaka et le parc d'État de Lava Tree.

Chapitre 2 : Hébergements

Centres de villégiature et hôtels

La grande île d'Hawaï propose des complexes hôteliers et des hôtels pour tous les goûts et tous les budgets. Sur l'île, vous trouverez l'endroit idéal où séjourner, que vous recherchiez une retraite somptueuse, une escapade en famille ou un petit refuge. Voici quelques-uns des meilleurs complexes hôteliers et hôtels de la Grande Île pour l'hébergement :

Le Fairmont Orchid à Hawaï est l'un des meilleurs endroits où les couples peuvent se reconnecter tout en se faisant dorloter. Ce complexe situé sur la côte de Kohala possède une plage de sable blanc, un lagon, un spa, un parcours de golf, un court de tennis et un club de plage.

Des activités romantiques telles que des croisières au coucher du soleil, des repas aux chandelles et des massages en couple sont disponibles. Les chambres et suites sont grandes et belles, avec des vérandas privées avec vue sur la plage ou sur le jardin.

Four Seasons Resort Hualalai : C'est un excellent choix pour une escapade romantique. Ce complexe de la côte de Kona offre des vues spectaculaires sur l'océan ainsi qu'une variété d'excellentes installations. Détendez-vous dans la piscine à débordement, le spa primé ou le parcours de golf conçu par Jack Nicklaus. Vous pouvez également tenter des sports nautiques comme la plongée en apnée, la plongée, le surf ou le paddleboard. Avec une décoration d'inspiration hawaïenne et des douches extérieures, les chambres et suites sont opulentes et confortables.

Mauna Lani, Auberge Resorts Collection : C'est l'un des meilleurs centres de villégiature en immersion culturelle.

Ce complexe, situé sur la côte de Kohala, met en valeur le riche héritage et la beauté naturelle d'Hawaï. Le centre culturel, les anciens étangs à poissons et le parc de pétroglyphes sont tous d'excellents endroits pour découvrir l'histoire et les traditions de l'île. La nature et l'aventure peuvent également être trouvées dans les sentiers volcaniques, les réserves marines et les grottes de lave. Les chambres et suites sont contemporaines et branchées, avec vérandas privées et vue sur la plage ou les montagnes.

Kona Village Resort : L'un des meilleurs complexes hôteliers pour une escapade privée. Ce complexe de la côte de Kona offre une expérience unique en séjournant dans des bungalows au toit de chaume entourés de jardins tropicaux et de palmiers. Sans téléphone, télévision ou radio dans votre chambre, vous pouvez apprécier la paix et la simplicité de la vie insulaire.

Vous pourrez également profiter d'une cuisine délicieuse, de divertissements uniques et de soins de spa apaisants. Avec des meubles en bambou et des couvertures hawaïennes, les bungalows sont chaleureux et charmants.

Grand Naniloa Hotel Hilo : C'est l'un des plus grands hôtels de la ville. Cet hôtel est situé à Hilo, la capitale de la Grande Île, et offre un accès pratique à certaines attractions et activités de l'île. Vous découvrirez peut-être le front de mer pittoresque de la ville dynamique, son marché de producteurs animé et son riche héritage culturel.

Vous pouvez également explorer les trésors naturels adjacents tels que Rainbow Falls, le parc et les jardins de Liliuokalani et le parc national des volcans d'Hawaï. Les chambres et suites sont grandes et modernes, avec balcons et vue sur l'océan ou le port.

Eco-Lodges et Camping

Si vous souhaitez séjourner dans un endroit plus aventureux et respectueux de l'environnement sur la grande île d'Hawaï, essayez le camping ou séjournez dans un éco-lodge. Le camping et les écolodges peuvent vous offrir un plus grand lien avec la nature tout en ayant un impact et des dépenses environnementaux moindres. Le camping et les écolodges peuvent également offrir des expériences mémorables, comme dormir à la belle étoile, se réveiller au son des oiseaux ou vivre hors réseau.

La Grande Île offre une large gamme d'alternatives de camping et d'éco-lodges, des tentes et cabanes modestes aux yourtes et cabanes dans les arbres haut de gamme.

Les campings et écolodges peuvent être trouvés dans une variété de contextes, notamment le long de la plage, dans la forêt, sur le volcan et dans une ferme.

Il existe également des choix de campings et d'écolodges offrant diverses installations et services tels que des toilettes, des douches, des cuisines, une connexion Wi-Fi et des excursions.

Chapitre 3 : Transport

Louer une voiture pour le transport

La grande île d'Hawaï est une île immense et diversifiée avec de nombreuses attractions et activités réparties dans de nombreuses zones et terrains. La location d'une voiture est la méthode idéale pour explorer l'île à votre guise et dans votre confort. Louer une voiture vous offre la liberté et la flexibilité d'aller où vous voulez, quand vous le voulez et comme vous le souhaitez. Louer une voiture vous fera également économiser du temps et de l'argent, car les transports en commun sont limités et coûteux sur l'île.

Il existe diverses entreprises de location de voitures sur la Grande Île, notamment Alamo, Avis, Budget, Enterprise, Hertz et National. Des sociétés de location de voitures sont disponibles dans les deux aéroports, ainsi que dans certaines villes et stations balnéaires.

Vous pouvez également réserver votre location de véhicule en ligne ou par téléphone, idéalement à l'avance, pour bénéficier des meilleurs tarifs et disponibilités.

Il y a plusieurs choses à savoir et à considérer avant de louer une voiture sur la Grande Île, telles que :

Un permis de conduire valide, une carte de crédit et une preuve d'assurance sont requis. Vous devez également avoir au moins 21 ans, ou 25 ans pour certains types d'automobiles. Si vous avez moins de 25 ans, ou si vous ajoutez d'autres conducteurs, des frais supplémentaires pourront vous être facturés.

Vous devez sélectionner un type de voiture qui répond à vos besoins et intérêts. Il existe de nombreuses conditions routières sur la Grande Île, notamment des autoroutes pavées, des routes de gravier et des chemins de terre. Certains itinéraires, comme Saddle Road et Mauna Kea Access Road, peuvent nécessiter l'utilisation d'un véhicule à quatre roues motrices. Vous devez également examiner la taille, la consommation de carburant et le confort de la voiture, ainsi que le nombre de passagers et de bagages.

Vous devez respecter les règles de circulation de l'île. La limite de vitesse sur Big Island est de 55 mph sur les principales autoroutes et de 25 mph dans les zones résidentielles. La Grande Île présente également plusieurs panneaux routiers inhabituels, comme le panneau « Shaka », qui signifie « merci » ou « bonjour », et le panneau « Aloha », qui signifie « bienvenue » ou « au revoir ». Vous devez également faire attention à la faune et aux piétons sur la route, et conduire avec prudence et respect.

Vous devez organiser soigneusement votre itinéraire et votre itinéraire. La Grande Île offre beaucoup de choses à voir et à faire, mais se déplacer prend beaucoup de temps et d'essence.

Vous devez calculer la distance et le temps entre vos emplacements, ainsi que tenir compte du trafic, de la météo et des conditions routières. Vous devriez également vous pencher sur la disponibilité et le coût du stationnement puisque certains établissements peuvent facturer des frais ou avoir des places restreintes. Vous devez également restituer votre véhicule à temps et avec le plein d'essence, sinon un supplément pourrait vous être facturé.

Transport en commun

La grande île d'Hawaï dispose d'un système de transport public nommé Hele-On Bus, qui fonctionne de 3h30 à 21h30. en semaine et le samedi. Le service Hele-On Bus couvre la majorité de l'île, notamment Hilo, Kona, Waimea, Volcano et Pahoa. En semaine, le bus Hele-On propose également un service de navette gratuit entre les deux aéroports, Kona et Hilo.

Le bus Hele-On est un moyen peu coûteux et rapide de se déplacer sur l'île, surtout si vous avez un budget serré ou si vous souhaitez minimiser vos effets environnementaux. Vous pouvez payer en espèces ou avec une carte prépayée et les frais sont simplement de 2 $ par voyage ou de 4 $ pour un pass journalier. Les bus disposent de supports à vélos, d'ascenseurs pour fauteuils roulants et de la climatisation. Tout au long du voyage, vous pourrez également admirer le paysage et la culture locale.

Le bus Hele-On, en revanche, présente plusieurs restrictions et obstacles, tels que:

En raison du trafic, des conditions météorologiques ou de pannes mécaniques, les bus sont souvent en retard, bondés ou peu fiables. Vous devrez peut-être attendre longtemps, rater votre correspondance ou découvrir qu'il n'y a pas de places disponibles.

Les dimanches et jours fériés ne sont pas servis et le service du samedi est restreint. Vous devrez peut-être ajuster votre itinéraire ou chercher un autre moyen de transport.

Les bus ne desservent pas tous les sites et attractions de l'île, y compris certaines plages, parcs et centres de villégiature. Vous devrez peut-être marcher, faire du vélo ou faire de l'auto-stop jusqu'à votre destination, ou vous devrez peut-être contourner complètement certains sites.

Pour utiliser le bus Hele-On, vous devez connaître et respecter certaines réglementations et directives, telles que :

Vérifiez l'itinéraire et la carte de l'itinéraire avant de partir et planifiez votre voyage en conséquence. Les horaires et le plan des itinéraires sont disponibles en ligne, aux arrêts de bus et dans les bureaux de transport. Pour plus d'informations, vous pouvez également appeler la hotline des transports.

Présentez-vous à l'arrêt de bus au moins 15 minutes avant l'heure de départ prévue avec votre tarif ou pass précis en main. Un pass peut être acheté en ligne, dans les bureaux de transport ou dans certains dépanneurs. Si vous devez changer de bus, vous pouvez également demander un ticket de transfert.

Maintenir la courtoisie et le respect envers le conducteur et les autres passagers. Portez une ceinture de sécurité, évitez de manger ou de boire, évitez de fumer, évitez de jouer de la musique forte et évitez de laisser des déchets derrière vous. Vous pourrez également discuter avec les habitants et découvrir la culture de l'île.

Le bus Hele-On est une excellente alternative aux transports publics sur la grande île d'Hawaï, à condition que vous compreniez ses avantages et ses inconvénients et que vous sachiez comment l'utiliser correctement.
Le bus Hele-On peut vous aider à économiser de l'argent, à réduire votre empreinte carbone et à avoir une nouvelle perspective sur l'île.

Sentiers pour faire du vélo et de la marche

La grande île d'Hawaï est un paradis pour les motards et les marcheurs, où ils peuvent profiter des vues époustouflantes, de l'air frais et des différents paysages de l'île. La Grande Île propose une variété de pistes cyclables et de sentiers pédestres adaptés à tous les niveaux de condition physique et d'expertise. Des sentiers cyclables et pédestres peuvent être trouvés dans divers endroits, notamment au bord de la mer, dans la forêt, sur le volcan et dans la ville. Il existe également des pistes cyclables et des sentiers pédestres qui mènent à d'autres sites et activités, notamment des plages, des cascades, des parcs et des musées.

Voici quelques-uns des meilleurs sentiers cyclables et pédestres de Big Island :

Old Mamalahoa Highway : Pour une expérience historique et culturelle, c'est l'une des plus belles pistes cyclables et pédestres. Cette promenade suit l'ancienne route qui faisait autrefois le tour de l'île, traversant de charmants villages, des vallées verdoyantes et des bâtiments historiques. Il y a des ponts de pierre historiques, d'anciens heiaus et des vestiges de plantations de canne à sucre. Tout au long du parcours, vous pourrez découvrir certains des magasins, cafés et galeries locaux. Le sentier mesure environ 20 miles de long et peut être parcouru par portions ou dans son ensemble.

Sentier historique national Ala Kahakai : C'est l'un des plus grands sentiers cyclables et pédestres côtiers et naturels. Cette route suit un ancien chemin qui relie les communautés hawaïennes le long du bord de mer, offrant des vues imprenables sur l'océan, les plages et les îles. Les parois de roches de lave, les étangs à poissons et les pétroglyphes sont tous visibles. Des sports nautiques tels que la natation, la plongée en apnée et le surf sont également disponibles. Le sentier mesure environ 175 milles de long et peut être parcouru par portions ou dans son ensemble.

Parc national des volcans d'Hawaï : C'est l'un des meilleurs sentiers de vélo et de randonnée d'Hawaï pour une expérience volcanique passionnante. Ce sentier couvre les caractéristiques remarquables du volcan actif Kilauea, notamment les cratères, les coulées de lave et les bouches de vapeur. Le lac de lave en feu, les champs de lave solidifiés et la forêt tropicale sont tous visibles. Vous pouvez également en apprendre davantage sur la géologie, l'écologie et l'histoire du volcan dans le centre d'accueil, le musée ou les programmes des gardes forestiers. La promenade fait environ 11 miles de long et peut être complétée par portions ou dans son ensemble.

Hilo Bayfront Trails : C'est l'un des meilleurs sentiers cyclables et pédestres métropolitains et pittoresques. Cette route contourne la baie d'Hilo, la plus grande baie naturelle d'Hawaï, offrant une vue imprenable sur la mer, les montagnes et la ville. Rainbow Falls, le parc et les jardins Liliuokalani et Banyan Drive sont tous visibles. Vous pouvez également visiter les attractions de la ville, notamment le marché fermier, les musées et les événements culturels.

Chapitre 4 : Comprendre la grande île

Climat et géographie

Avec une superficie de 4 028 miles carrés et une âge de moins d'un million d'années, la grande île d'Hawaï est la plus grande et la plus jeune île de l'archipel hawaïen. La Grande Île est également l'île la plus diversifiée géographiquement, avec dix des quatorze zones de température mondiale et un large éventail de paysages, notamment des volcans, des montagnes, des forêts tropicales, des déserts et des plages.

Kohala, Mauna Kea, Hualalai, Mauna Loa et Kilauea sont les cinq volcans qui composent la Grande Île. Kohala est le volcan le plus ancien et le plus septentrional, dont la dernière éruption remonte à environ 120 000 ans.

Le volcan le plus haut, le Mauna Kea, s'élève à 13 796 pieds au-dessus du niveau de la mer et à 33 000 pieds du fond de l'océan.

Hualalai est le troisième volcan le plus jeune et le plus à l'ouest, l'éruption la plus récente ayant eu lieu en 1801. Le Mauna Loa est le volcan le plus grand et le plus actif de l'île, englobant la moitié de celle-ci et étant entré en éruption 33 fois depuis 1843. Kilauea est le volcan le plus jeune et le plus au sud-est, en éruption sans interruption depuis 1983.

Le climat de la Grande Île est tropical, avec un temps chaud et humide toute l'année. Le climat, cependant, change considérablement en fonction de l'altitude, des précipitations et de la configuration des vents. Selon le système de classification climatique de Köppen, la Grande Île compte quatre des cinq principales zones climatiques de la planète et huit des treize sous-zones de la planète. Les quatre principales zones climatiques sont les suivantes :

Climat tropical humide : La majorité de l'île est couverte par cette zone climatique, en particulier les basses altitudes et le côté au vent (est).

Il n'y a pas de saison sèche claire dans cette zone, caractérisée par des températures élevées, une humidité élevée et de fortes précipitations. La température moyenne est de 80°F (27°C), tandis que les précipitations annuelles sont d'environ 100 pouces (254 cm).

Climat sec : Cette zone climatique se trouve dans certaines zones de l'île, en particulier à des altitudes plus élevées et du côté sous le vent (ouest). Cette zone présente une saison sèche distincte avec des températures, une humidité et des précipitations basses. La température moyenne annuelle est d'environ 70°F (21°C), tandis que les précipitations annuelles sont d'environ 20 pouces (51 cm).

Température climatique : Cette zone climatique englobe des parties de l'île, en particulier les hautes altitudes et l'intérieur. Cette zone présente une saison humide et sèche distincte, ainsi que des températures, une humidité et des précipitations modérées.

La température moyenne annuelle est d'environ 60°F (16°C), tandis que les précipitations annuelles sont d'environ 40 pouces (102 cm).

Climat polaire : Cette zone climatique englobe les plus hauts sommets du Mauna Kea et du Mauna Loa, qui culminent au-dessus de 10 000 pieds (3 048 m). Cette zone présente des températures, une humidité et des précipitations extrêmement basses, avec de la neige et de la glace recouvrant le sol. La température moyenne annuelle est d'environ 40°F (4°C), tandis que les précipitations annuelles sont d'environ 10 pouces (25 cm).

Le relief et la température de la Grande Île en font une destination unique et passionnante à explorer, puisque vous pourrez découvrir plusieurs décors et écosystèmes sur une courte distance. Vous pouvez également observer le processus dynamique et continu de formation et de développement des îles à mesure que les volcans changent et remodèlent la terre et l'eau.

Culture et Histoire

L'histoire et la culture de la grande île d'Hawaï sont façonnées par ses débuts volcaniques, ses racines polynésiennes et ses influences occidentales. Le roi Kamehameha le Grand, le célèbre roi qui unifia les îles hawaïennes au XVIIIe siècle, est né sur la Grande Île. De nombreux lieux religieux et historiques, comme le Puukohol Heiau, le palais Hulihee et la baie de Kealakekua, se trouvent également sur la grande île. La Grande Île est également le berceau de nombreuses traditions et inventions culturelles, comme le hula, le ukulélé et le café Kona.

L'histoire et la culture de la Grande Île remontent aux premiers habitants venus des îles Marquises il y a environ 1 500 ans. Ces explorateurs polynésiens ont emporté avec eux leur langue, leur religion et leurs coutumes et les ont adaptés au nouvel environnement. Ils ont construit un cadre social et politique complexe centré sur l'idée ohana (famille) et le système kapu (tabou). Ils se sont également familiarisés avec l'astronomie, la navigation, l'agriculture et l'art.

L'arrivée du capitaine James Cook, le premier explorateur européen à visiter Hawaï, en 1778, a changé l'histoire et la culture de la grande île. Cook est arrivé dans la baie de Kealakekua, où il a été accueilli comme une divinité avant d'être assassiné lors d'un conflit avec les insulaires. Avec l'arrivée de Cook, des contacts et une influence supplémentaires avec l'Occident, tels que des commerçants, des missionnaires, des baleiniers et des propriétaires de plantations, sont devenus possibles. Ces envahisseurs ont apporté avec eux de nouvelles maladies, technologies, religions et idées, qui ont eu une influence significative sur la culture et la société hawaïennes indigènes.

L'émergence et l'effondrement de la monarchie hawaïenne, créée par le roi Kamehameha le Grand, né sur la grande île en 1758, ont également affecté l'histoire et la culture de la grande île.

Kamehameha était un visionnaire et un guerrier qui, après une série de batailles et d'alliances, unifia les îles hawaïennes sous son autorité. Kamehameha et ses successeurs ont construit une monarchie constitutionnelle mettant l'accent sur le commerce international, l'éducation et la diplomatie. La monarchie hawaïenne fut cependant déposée en 1893 par un groupe de marchands américains et annexée par les États-Unis en 1898.

L'histoire et la culture de la Grande Île sont toujours bien vivantes aujourd'hui, alors que l'île célèbre et préserve son héritage et son identité distincts. La Grande Île allie l'ancien et le moderne, le traditionnel et le contemporain, le local et le mondial. La Grande Île est un endroit pour en apprendre davantage sur l'histoire, profiter du présent et rêver à l'avenir.

Faune et merveilles naturelles

La grande île d'Hawaï est un sanctuaire faunique et de merveilles naturelles, avec une flore et une faune vastes et distinctes, ainsi qu'un paysage varié à couper le souffle. De nombreuses espèces indigènes et menacées vivent sur la grande île, notamment le nene (oie hawaïenne), le honu (tortue verte), le palila (plante alpine hawaïenne) et l'épée d'argent (plante alpine hawaïenne). De nombreuses espèces exotiques et importées vivent sur la Grande Île, notamment la mangouste, le sanglier, l'orchidée et la noix de macadamia.

Volcans, cascades, plages et forêts ne sont que quelques-unes des beautés naturelles à découvrir et à apprécier sur la Grande Île.

Kilauea et Mauna Loa, les volcans actifs de la grande île, offrent des vues imprenables sur les coulées de lave, les cratères et les bouches de vapeur. Il existe des centaines de cascades sur la Grande Île, dont certaines sont largement accessibles, comme Rainbow Falls et Akaka Falls, et d'autres sont enfouies dans des vallées isolées, comme Hiilawe Falls et Waiilikahi Falls.

La grande île offre une variété de plages, notamment la plage de sable noir de Punaluu, la plage de sable vert de Papakolea et la plage de sable rouge de Kaihalulu. La Grande Île présente une variété de bois, certains luxuriants et tropicaux comme la réserve forestière de Hilo et le jardin botanique tropical d'Hawaï, et d'autres secs et désertiques comme le désert de Ka et la forêt nuageuse de Kona.

La Grande Île est un site où vous pourrez découvrir la beauté et la diversité de la nature, ainsi que sa fragilité et sa vulnérabilité. La Grande Île est une destination pour admirer les beautés et la faune de la nature, ainsi que pour les activités de conservation et de préservation. La Grande Île offre des opportunités d'aventure et d'exploration, ainsi que de respect et de responsabilité.

Chapitre 5 : Plages et activités nautiques

Les plus belles plages à visiter

Les plages de la grande île d'Hawaï sont parmi les plus belles et les plus uniques au monde, avec une variété de teintes, de formes et de tailles. Sur l'île, vous découvrirez la plage qui vous convient, que vous recherchiez un endroit calme pour bronzer, un spot de surf passionnant ou un spot de plongée en apnée. Voici quelques-unes des plus belles plages de la Grande Île à visiter :

Parc d'État de Hapuna Beach: L'une des plus belles plages d'Hawaï pour nager, faire du bodyboard et bronzer. Cette plage, située sur la côte de Kohala, possède une longue étendue de sable blanc, une mer d'un bleu cristallin et des vagues douces. Il y a aussi des sauveteurs, des douches, des toilettes, des tables de pique-nique et un snack-bar sur la plage. Le week-end et les jours fériés, la plage peut être bondée, alors arrivez tôt pour trouver un endroit décent.

Plage de sable noir de Punaluu : C'est l'une des plus belles plages d'Hawaï pour observer les tortues de mer vertes, connues sous le nom de honu en hawaïen. Cette plage de la côte de Ka présente du sable noir distinctif produit par la lave des volcans voisins. La plage abrite également un grand nombre de tortues vertes, qui viennent fréquemment se prélasser au soleil. Le bord de mer est également un excellent endroit pour observer la végétation naturelle et les oiseaux.

La plage n'est pas adaptée à la baignade car l'eau est froide et rocheuse, mais c'est un excellent endroit pour admirer la nature et la culture.

Plage de sable vert de Papakolea: C'est l'une des plus belles plages de randonnée d'Hawaï. Cette plage, près de South Point, présente un sable vert inhabituel créé par des cristaux d'olivine provenant d'un cône volcanique érodé. La plage est également flanquée d'imposantes falaises qui contrastent bien avec le sable vert et l'océan turquoise. La plage n'est pas facilement accessible, car elle nécessite une promenade de 3 miles le long d'un itinéraire escarpé ou un voyage avec un chauffeur local.
La plage n'est pas non plus propice à la baignade en raison de la mer agitée et des forts courants, mais c'est un site parfait pour apprécier la beauté et la difficulté de l'île.

Plage de Kaunaoa: est l'une des plus belles plages pour un voyage romantique. Cette plage de la côte de Kohala offre du sable blanc en forme de croissant, une mer bleue et des palmiers qui se balancent. La plage se trouve également à proximité du Mauna Kea Beach Hotel, qui dispose d'installations de luxe comprenant des cabanes, des chaises longues, des parasols et un restaurant.

La plage est également un excellent endroit pour admirer le coucher du soleil, qui transforme le ciel en un spectacle brillant. La plage étant limitée à 40 automobiles par jour, vous devez obtenir un permis auprès de la guérite de l'hôtel ou rester à l'hôtel pour y accéder.

Baie de Kua: est l'une des plus belles plages au monde pour le surf, le paddleboard et le bodyboard. Cette plage de la côte de Kona offre un magnifique sable blanc, un océan d'un bleu cristallin et d'énormes vagues. La plage est également une destination célèbre pour les dauphins, qui viennent fréquemment jouer dans la mer.

Parce qu'il n'y a pas de couverture ni d'installations sur la plage, c'est aussi un excellent endroit pour profiter du soleil et de l'air. La plage est accessible par une route pavée ouverte en 2005 ou par un chemin de terre plus aventureux.

Sites de plongée en apnée et de plongée

La grande île d'Hawaï est un paradis pour la plongée en apnée et la plongée, avec des mers claires et chaudes, une vie marine colorée et diversifiée et un paysage sous-marin magnifique et varié. Il existe plusieurs sites de plongée en apnée et de plongée sur la Grande Île pour s'adapter à tous les niveaux de capacité et d'expérience. Des possibilités de plongée en apnée et sous-marine peuvent être trouvées dans divers endroits, notamment le long de la côte, au large du bateau et dans la baie.

Il existe également des sites de plongée en apnée et de plongée avec diverses attractions et activités, telles que les dauphins, les raies manta, les tortues et les récifs coralliens.

Certains des meilleurs sites de plongée en apnée et de plongée sur la Grande Île sont les suivants :

Baie de Kealakekua: Pour une expérience historique et naturelle, c'est l'un des meilleurs lieux de snorkeling et de plongée. Cette crique de la côte de Kona est un sanctuaire marin ainsi qu'un site du patrimoine culturel où le capitaine James Cook a débarqué et est mort pour la première fois.

L'eau de la baie est calme et transparente, avec une profondeur allant de 10 à 100 pieds. La baie abrite de nombreux poissons, coraux et dauphins, qui visitent fréquemment l'eau pour se détendre et jouer. Il y a aussi le monument du capitaine Cook, qui symbolise l'endroit où il a été tué par les habitants.

Baie de Born: Pour une expérience culturelle et spirituelle, c'est l'un des meilleurs lieux de plongée en apnée et sous-marine. Cette baie, située sur la côte de Kona, jouxte le parc historique national Puuhonua o Hnaunau, qui servait de refuge et de sanctuaire aux anciens Hawaïens. L'eau de la baie est belle et calme, avec des profondeurs allant de 10 à 80 pieds. La baie regorge de poissons, de coraux et de tortues, tous abondants et diversifiés. Il existe également plusieurs tortues vertes hawaïennes, vénérées par les autochtones.

Village des raies manta: L'un des plus grands lieux de snorkeling et de plongée pour une aventure nocturne. Cet endroit sur la côte de Kona est l'endroit où les raies manta se rassemblent pour se nourrir du plancton attiré par les lumières des bateaux et de la plage. L'eau est noire et profonde, avec une profondeur de 30 à 60 pieds. De nombreuses raies manta visitent la région. Ce sont des créatures élégantes et paisibles avec une envergure allant jusqu'à 16 pieds.

D'autres espèces nocturnes comme les anguilles, les poulpes et les calmars peuvent également être observées.

Parc d'État de la côte de Kona: Pour une expérience magnifique et variée, c'est l'un des meilleurs lieux de plongée en apnée et sous-marine. Ce parc, situé sur la côte de Kona, comprend plusieurs kilomètres de rivage avec plusieurs criques, baies et récifs.

L'eau du parc est propre et agréable, avec des profondeurs allant de 10 à 120 pieds. Le parc regorge de poissons, de coraux et de tortues uniques et colorés. Il existe également des structures de lave, des tunnels et des arches qui créent un environnement sous-marin étonnant.

Surf et Stand Up Paddle

Les mers chaudes et claires, les vagues régulières et variées et le littoral magnifique et diversifié font de la grande île d'Hawaï un endroit idéal pour les surfeurs et les planchistes. Il existe plusieurs lieux de surf et de paddleboard sur la Grande Île pour accueillir tous les niveaux de talent et d'expérience. Des zones de surf et de paddleboard se trouvent entre autres sur la côte de Kona, la côte de Kohala, la côte de Ka et la côte de Hilo. Il existe également des zones de surf et de paddleboard qui offrent une variété de difficultés et d'attractions, telles que des briseurs de récifs, des point breaks, des beach breaks et des bay breaks.

Certains des meilleurs sites de surf et de paddleboard sur la Grande Île sont les suivants :

Banians: L'un des meilleurs spots de surf pour les surfeurs intermédiaires et avancés. Cette zone de la côte de Kona possède un reef break rapide et fort avec des pics gauche et droit. Les vagues peuvent être creuses et en tonneau, atteignant jusqu'à 15 pieds de hauteur. Parce que l'emplacement est populaire auprès des résidents et des visiteurs, il peut devenir encombré et compétitif. L'endroit est particulièrement connu pour sa vue imprenable sur le coucher de soleil et les palmiers.

Parc de la plage de Kahalu'u: C'est un endroit idéal pour les surfeurs débutants et intermédiaires pour apprendre à surfer et à pagayer. Cet endroit sur la côte de Kona offre un récif doux et régulier avec des vagues longues et douces. Les vagues peuvent atteindre une hauteur de 6 pieds et sont à la fois agréables et indulgentes.

L'eau est calme et transparente, et vous pouvez voir les poissons et les coraux en contrebas, ce qui la rend excellente pour le paddleboard.

La zone dispose également de sauveteurs, de douches, de salles de bains et d'un snack-bar.

Lymans: C'est un excellent endroit pour le surf pour les surfeurs intermédiaires et expérimentés. Cet endroit sur la côte de Kona possède un récif long et solide avec des pics gauche et droit. Les vagues peuvent atteindre 12 pieds de haut et être assez rapides et abruptes. La zone est également connue pour ses eaux profondes et ses courants puissants, ce qui la rend difficile et dangereuse. Parce que l'emplacement est populaire parmi les locaux, il peut devenir encombré et territorial.

Pins: C'est l'un des meilleurs sites de surf et de paddleboard pour les personnes de tous niveaux. Cette région de la côte de Kohala offre une plage de sable avec des sommets à gauche et à droite. Les vagues peuvent être calmes et ludiques, atteignant jusqu'à 10 pieds de hauteur.

Parce que l'eau est chaude et claire et que vous pouvez voir des tortues et des dauphins, cet endroit est également idéal pour le paddleboard. La plage est également un excellent endroit pour se détendre et profiter de l'environnement, car elle est bordée de pins et de roches de lave.

Court: C'est un endroit idéal pour les surfeurs intermédiaires et avancés. Ce site de la Puna Coast offre un point break rocheux avec des pics gauche et droit. Les vagues peuvent atteindre une hauteur de 8 pieds et être rapides et creuses. L'endroit est également connu pour ses vents violents et ses conditions météorologiques difficiles, ce qui le rend à la fois difficile et exaltant. L'endroit est également un lieu de rencontre populaire pour les résidents et les touristes, il peut donc y avoir du monde et du tapage.

Chapitre 6 : Parcs et attraits naturels

Parc national des volcans d'Hawaï

Le parc national des volcans d'Hawaï est situé sur l'île d'Hawaï, souvent connue sous le nom de Big Island. Le parc préserve certaines des caractéristiques naturelles les plus étonnantes du monde, notamment des volcans actifs, des coulées de lave, des cratères et des bouches de vapeur. Avec des temples anciens, des monuments historiques, une flore unique et des animaux en voie de disparition, le parc protège et met également en valeur la riche diversité culturelle et biologique d'Hawaï.

Le parc a été créé en 1916 dans le cadre du parc national d'Hawaï, qui comprenait également le parc national Haleakala à Maui. Le parc a été divisé en deux parcs indépendants en 1961, le parc national des volcans d'Hawaï devenant son entité.

Le parc a été déclaré réserve internationale de biosphère en 1980 et site du patrimoine mondial en 1987.

Le parc s'étend sur 505 miles carrés (1 308 kilomètres carrés) et abrite deux des volcans les plus actifs au monde, le Kilauea et le Mauna Loa. Klauea est le plus jeune et le plus actif des deux, entrant régulièrement en éruption depuis 1983. Le Mauna Loa est le plus grand et le plus ancien des deux volcans, et c'est le volcan le plus colossal de la planète. Les Hawaïens vénèrent les deux volcans et les identifient à la déesse du feu Pelé.

Les visiteurs peuvent profiter d'une variété d'attractions et d'activités dans le parc, notamment :

Observation du volcan: En observant les coulées de lave, les cratères et les bouches de vapeur, les visiteurs peuvent observer la force et la beauté du volcanisme. Le centre d'accueil du Kilauea, le musée Jaggar, le Crater Rim Drive, la Chain of Craters Road et la zone d'observation de Kalapana sont quelques-uns des meilleurs endroits pour observer l'activité volcanique.

Randonnée et camping: Les visiteurs peuvent découvrir les paysages variés et époustouflants du parc en faisant de la randonnée ou en campant dans les bois. Le Kilauea Iki Trail, le Thurston Lava Tube, le Devastation Trail, le Mauna Loa Summit Trail et la Hawaii Volcanoes Wilderness Area sont parmi les meilleurs sites de randonnée et de camping.

Apprendre et découvrir: En visitant les musées, les centres culturels et les programmes de gardes forestiers, les visiteurs peuvent en apprendre davantage sur l'histoire, la culture et la science du parc. Le centre d'accueil de Klauea, le musée Jaggar, le centre d'art des volcans, le parc historique national Puuhonua o Hnaunau et l'observatoire des volcans d'Hawaï comptent parmi les meilleurs lieux d'étude et de découverte.

L'émerveillement et l'émerveillement de la nature, ainsi que le respect et l'estime de la culture, se retrouvent dans le parc national des volcans d'Hawaï. Les visiteurs peuvent découvrir la formation et la destruction des terres, ainsi que la préservation et la restauration de la vie dans le parc. Les visiteurs du parc peuvent vivre l'aventure et l'excitation, ainsi que l'éducation et l'inspiration.

Sommet et observatoire du Mauna Kea

Mauna Kea est le plus haut sommet d'Hawaï et l'un des plus grands sites d'observation astronomique au monde. Le sommet du Mauna Kea s'élève à 13 796 pieds (4 205 mètres) au-dessus du niveau de la mer et est fréquemment recouvert de neige. Le sommet est également considéré comme sacré par les autochtones hawaïens, qui y voient la demeure de leurs dieux et ancêtres.

L'Observatoire du Mauna Kea est un groupe de 13 télescopes situés au sommet du Mauna Kea et exploités par 11 pays différents. Depuis sa création en 1967, l'observatoire est à l'avant-garde de l'étude et de la découverte de l'astronomie.

L'observatoire abrite certains des télescopes les plus grands et les plus modernes au monde, notamment l'observatoire Keck, l'observatoire Gemini et le télescope Subaru.

Il y a aussi un centre touristique, un musée et un observatoire volcanique à l'observatoire.

L'Observatoire du Mauna Kea offre à ses clients une expérience unique et exceptionnelle, avec une vue imprenable sur le ciel, la terre et la mer. Les visiteurs peuvent également en apprendre davantage sur l'histoire, la culture et la science de l'observatoire. Les visiteurs peuvent profiter des attractions et activités suivantes :

Meilleures excursions : les visiteurs peuvent faire des excursions guidées au sommet du Mauna Kea pour observer les télescopes et le coucher du soleil. Plusieurs entreprises, dont Mauna Kea Summit Adventures, Hawaii Forest and Trail et KapohoKine Adventures, proposent les excursions. Le transport, l'équipement, le déjeuner et les commentaires sont normalement inclus dans les excursions. Les excursions s'adressent à toute personne âgée de 16 ans et plus et doivent être réservées à l'avance.

Les visiteurs peuvent également participer à des activités d'observation des étoiles qui les amènent au centre d'accueil pour voir les étoiles et les planètes à l'aide de télescopes et de jumelles. Les activités d'observation des étoiles sont proposées à la station d'information touristique du Mauna Kea, située à une altitude de 9 200 pieds (2 800 mètres). Les événements sont gratuits et ouverts au public et ont lieu une fois par mois le samedi le plus proche de la nouvelle lune. Les réservations sont obligatoires pour les programmes.

Apprendre et découvrir : en visitant les musées, les centres culturels et les programmes de gardes forestiers, les visiteurs peuvent en apprendre davantage sur l'histoire, la culture et la science du Mauna Kea et de l'observatoire. Le centre d'accueil du Kilauea, le musée Jaggar, le centre d'art volcanique, le parc historique national Puuhonua o Hnaunau et l'observatoire du volcan Hawai sont parmi les meilleurs lieux d'étude et de découverte.

Les visiteurs du sommet et de l'observatoire du Mauna Kea peuvent ressentir la crainte et l'émerveillement de la nature, ainsi que le respect et l'estime pour la culture. Les visiteurs peuvent observer le développement et la destruction des terres, ainsi que l'exploration et la créativité de l'espace, depuis le sommet et l'observatoire. Les visiteurs peuvent vivre l'aventure et le frisson, ainsi que la connaissance et l'inspiration, au sommet et à l'observatoire.

Vallée de Waipio et chutes d'Akaka

Les chutes d'Akaka et la vallée de Waipio sont deux des sites les plus beaux et les plus populaires de la grande île d'Hawaï. Tous deux se trouvent sur la côte nord de Hamakua, célèbre pour ses forêts tropicales luxuriantes, ses cascades et ses falaises escarpées. Les deux offrent aux touristes une vue sur la beauté naturelle et le patrimoine culturel d'Hawaï.

Le parc d'État d'Akaka Falls abrite deux cascades à couper le souffle : les chutes d'Akaka et les chutes de Kahuna. L'attraction principale est les chutes d'Akaka, qui descendent de 442 pieds dans une vallée bordée de verdure. Les chutes Kahuna, qui tombent en cascade de 100 pieds dans une piscine, sont une cascade plus petite mais néanmoins époustouflante.

Une promenade pavée en cercle mène aux deux cascades à travers une jungle tropicale remplie d'énormes fougères, bambous et orchidées. Il y a aussi un centre d'accueil, des toilettes et des tables de pique-nique dans le parc.

La vallée de Waipio est une vallée sainte et ancienne où vivaient autrefois les monarques et les guerriers hawaïens. La Vallée des Rois et la Vallée des Dieux sont d'autres noms pour la vallée. La vallée possède une plage de sable noir, une rivière qui coule et une riche plaine entourée de falaises de 2 000 pieds de haut.

La vallée abrite plusieurs cascades, dont les chutes Hiilawe, la plus haute cascade d'Hawaï culminant à 1 300 pieds. La vallée est également riche en valeur culturelle et spirituelle, avec plusieurs temples anciens, lieux de sépulture et contes.

Les visiteurs des chutes d'Akaka et de la vallée de Waipio peuvent participer à une visite guidée ou explorer par eux-mêmes. Plusieurs voyagistes proposent des voyages d'une journée ou d'une demi-journée vers ces destinations, ainsi que des arrêts supplémentaires le long de la côte de Hamakua, tels que le jardin botanique tropical d'Hawaï, la route panoramique Pepeekeo et le parc Laupahoehoe Point. Hawaii Forest and Trail, KapohoKine Adventures et Wasabi Tours Hawaii sont quelques-uns des prestataires de circuits.

Vous aurez besoin d'une voiture et d'une carte pour explorer par vous-même les chutes d'Akaka et la vallée de Waipio.

Vous pouvez rejoindre le parc d'État d'Akaka Falls en empruntant l'autoroute 19 nord depuis Hilo et en tournant à gauche sur Honomu Road entre les bornes kilométriques 13 et 14. Ensuite, en suivant les panneaux, rendez-vous à l'entrée du parc, qui se trouve à environ 3,75 miles de l'autoroute. Le parc est ouvert de 8h30 à 18h. tous les jours et facture 5 $ par voiture ou 1 $ par piéton.

Prenez l'autoroute 19 nord depuis Hilo, puis tournez sur l'autoroute 240 à Honokaa pour vous rendre dans la vallée de Waipio. Continuez ensuite sur la route jusqu'à atteindre le belvédère de la vallée de Waipio qui offre une vue panoramique sur la vallée.

Le belvédère, qui comprend des salles de bains et une boutique de cadeaux, est ouvert tous les jours de l'aube au coucher du soleil.

L'itinéraire étant raide, étroit et non pavé, vous aurez besoin d'un véhicule tout terrain ou d'un service de navette pour vous rendre dans la vallée. La vallée est ouverte tous les jours de 7h à 18h. et il n'y a pas de frais d'entrée.

Chapitre 7 : Aventure et sports de plein air

Parcourez les meilleurs sentiers

La grande île d'Hawaï est le paradis des amateurs de randonnée et de plein air, avec un terrain varié et exigeant, des paysages magnifiques et variés et des activités passionnantes et agréables. Il existe plusieurs sentiers de randonnée sur la Grande Île pour s'adapter à tous les niveaux de compétence et d'expérience. Les itinéraires de randonnée peuvent être trouvés dans une variété de contextes, notamment les montagnes, les vallées, le bord de mer et la forêt. Les sentiers de randonnée proposent également une variété d'activités et de sports, tels que l'observation de la lave, la baignade en cascade, la tyrolienne et l'équitation.

Voici quelques-uns des meilleurs sentiers de randonnée de la Grande Île pour les sports d'aventure et de plein air :

Klauea Iki Trail : C'est l'un des plus grands sentiers de randonnée pour observer la lave et explorer le volcan. Cet itinéraire, situé dans le parc national des Volcans d'Hawaï, mène au cratère de Kilauea Iki, un cratère rempli de lave en 1959. Vous pourrez vous promener sur le lac de lave solidifié, encore en ébullition et se fissurer, et admirer la lave. craché des évents et des fissures. Il y a des vues supplémentaires sur la caldeira principale du Kilauea et sur l'épaisse jungle qui entoure le cratère. Le sentier fait environ 4 miles de long et est assez difficile.

Waimanu Valley Trail : L'un des meilleurs sentiers de randonnée pour la baignade en cascade et le camping est le Waimanu Valley Trail. Ce sentier, situé sur la côte Hmkua, mène à la vallée de Waimanu, une vallée isolée et pittoresque accessible uniquement à pied ou en hélicoptère.

Nagez dans les piscines et les ruisseaux alimentés par plusieurs cascades, notamment les chutes Waiilikahi, hautes de 1 450 pieds, qui sont la plus haute cascade de l'île.

Vous pouvez également camper dans des emplacements de camping agréés équipés de toilettes à compost et de réservoirs de collecte d'eau. La piste mesure environ 9 milles de long et présente de graves difficultés.

Kohala Zipline : L'un des plus grands itinéraires de randonnée pour la tyrolienne et l'expérience de la canopée est la Kohala Zipline. Cet itinéraire mène au Kohala Zipline, un parcours de tyrolienne qui traverse une forêt naturelle sur la côte de Kohala. Sur neuf tyroliennes, cinq ponts suspendus et deux rappels, vous pourrez traverser les arbres, les vallées et les ruisseaux.

Les guides, naturalistes agréés, peuvent également vous renseigner sur l'écologie, la géologie et l'histoire de la région. Le parcours mesure environ 1,5 km de long et est de difficulté modérée.

Mana Road : C'est l'une des meilleures routes de VTT et de randonnée de la région. Cet itinéraire relie la Saddle Road à la Mana Road, un chemin de terre qui longe la base du Mauna Kea, le plus haut sommet d'Hawaï. Vous pouvez faire du vélo sur un itinéraire en grande partie plat et agréable tout en admirant la vue sur les montagnes, les ranchs et les animaux. Des attractions historiques et culturelles telles que la station de moutons Humuula, le cône Puu Oo et la zone de loisirs de l'État de Mauna Kea peuvent également être visitées. Le chemin est long de 45 kilomètres et assez difficile.

Lava Tours

Les excursions dans la lave sont l'une des façons les plus fascinantes et uniques de découvrir la grande île d'Hawaï. Les visites de lave offrent l'occasion de découvrir la force et la beauté des volcans actifs, ainsi que la création et la destruction de la terre et de l'eau. Les excursions dans la lave peuvent également vous renseigner sur la géologie, l'écologie et l'histoire de l'île, ainsi que sur la culture et la spiritualité traditionnelles hawaïennes.

En fonction de vos goûts, de votre prix et de vos disponibilités, vous pouvez choisir parmi une variété d'excursions dans la lave. Voici quelques-unes des visites de lave les plus populaires :

Les excursions de trekking dans la lave vous emmènent à pied jusqu'à la coulée de lave, où vous pourrez observer de près la lave flamboyante et ruisselante.

Des tubes de lave, des cratères et des bouches de vapeur sont également visibles. Ces voyages conviennent aux personnes ambitieuses et en bonne forme physique, prêtes à endurer une marche longue et difficile sur un terrain accidenté et brûlant. Ces visites sont également soumises aux conditions de lave, qui peuvent changer rapidement et de manière inattendue. Kalapana Cultural Trips, Epic Lava Tours et Aloha Lava Tours font partie des entreprises qui proposent des randonnées dans la lave.

Excursions en bateau sur la lave : il s'agit d'excursions en bateau qui vous emmènent au bord de l'océan pour observer la lave se déverser dans la mer, provoquant d'énormes panaches de vapeur et des explosions de roches. Vous pourrez également observer la formation de nouvelles terres et le remodelage du littoral. Ces voyages sont idéaux pour les amateurs d'adrénaline et les amateurs d'eau qui souhaitent s'aventurer sur les vagues dans des conditions difficiles et humides. Ces visites sont également soumises aux conditions de lave, qui peuvent changer quotidiennement et saisonnièrement.

Lava Ocean Trips, Moku Nui Lava Tours et Kalapana Lava Boat font partie des entreprises qui proposent des excursions en bateau sur la lave.

Tours en hélicoptère de lave : Ce sont des voyages qui vous transportent en hélicoptère vers le ciel pour observer la lave d'en haut. L'ensemble du terrain volcanique, y compris le sommet, la zone de rift et la forêt tropicale, peut également être vu. Ces voyages conviennent à tous ceux qui souhaitent observer la lave dans un environnement confortable et sans risque. Ces voyages sont accessibles toute l'année, quelles que soient les conditions de lave. Paradise Helicopters, Blue Hawaiian Helicopters et Safari Helicopters font partie des entreprises qui proposent des excursions en hélicoptère dans la lave.

Les visites de lave sont une chance unique d'assister à l'un des événements les plus incroyables de la nature. Les excursions dans la lave sont également une excellente occasion d'en apprendre davantage sur la Grande Île et ses habitants, qui cohabitent avec les volcans. Les visites de lave sont une excursion incontournable pour tous ceux qui visitent la grande île d'Hawaï.

Tyrolienne et équitation

La grande île d'Hawaï offre plusieurs possibilités d'équitation et de tyrolienne pour les personnes de tous niveaux et de toutes expériences. Des excursions à cheval et en tyrolienne sont disponibles dans divers endroits, notamment la côte de Kohala, la côte de Hamakua, la côte de Kona et la côte de Puna. Des excursions à cheval et en tyrolienne sont également disponibles, avec de nombreux sites et activités comme des cascades, des volcans, des animaux et des sites culturels.

Voici quelques-unes des plus belles randonnées à cheval et en tyrolienne de Big Island :

Umauma Falls and Zipline Experience : C'est l'une des meilleures excursions d'une journée pour combiner l'équitation et la tyrolienne. Cette excursion vous amène aux chutes d'Umauma, un ensemble de trois cascades spectaculaires qui se jettent dans une profonde vallée de la côte de Hamakua. Monter à cheval dans la forêt tropicale vous permet d'observer la végétation et les créatures naturelles. Vous pouvez également zoomer à travers les arbres tout en admirant la vue sur les chutes, la rivière et l'océan. Le transport, l'équipement, le déjeuner et un guide sont tous inclus dans l'excursion.

Kohala Zipline et Na'alapa Stables : C'est l'une des meilleures excursions pour découvrir l'histoire et la culture de la grande île. Ce voyage vous emmène au Kohala Zipline, un itinéraire de tyrolienne qui s'étend sur une forêt naturelle sur la côte de Kohala.

Vous pouvez parcourir la canopée tout en admirant les vieux arbres, les roches de lave et les monuments historiques. Les écuries Na'alapa, un ranch prospère en activité depuis près d'un siècle, proposent également des promenades à cheval. Vous pourrez observer du bétail, des moutons et le mode de vie du paniolo (cowboy hawaïen). Le transport, l'équipement, la nourriture et un guide sont tous inclus dans l'excursion.

Kona Coast Zipline & Paniolo Adventures : C'est l'un des meilleurs voyages pour découvrir les paysages magnifiques et diversifiés de la grande île. Ce voyage vous emmène à la Kona Coast Zipline, un itinéraire de tyrolienne qui longe la base du volcan Hualalai sur la côte de Kona. Vous pouvez survoler des plantations de café, des forêts arides et des champs de lave. Paniolo Adventures, un ranch avec 11 000 acres de parcours ouvert, propose également de l'équitation. Les volcans, la mer et les animaux peuvent tous être vus. Le transport, l'équipement, le déjeuner et un guide sont tous inclus dans l'excursion.

Puna Zipline & Wailea Horseback Adventure : C'est l'une des meilleures excursions pour découvrir le côté énergique et aventureux de la Grande Île. Ce voyage vous emmène à la Puna Zipline, un itinéraire de tyrolienne qui traverse la coulée de lave de l'éruption de 2018, située sur la côte de Puna. Vous pouvez survoler le sable sombre, les bouches de vapeur et de nouveaux territoires. Vous pouvez également monter à cheval au Wailea Horseback Adventure, qui a accès à une cascade secrète.

L'océan, la montagne et la rivière sont tous visibles. Nager dans la piscine et pique-niquer au bord des chutes sont des options supplémentaires. Le transport, l'équipement, les repas et un guide sont tous inclus dans l'excursion.

Chapitre 8 : Culture et patrimoine

Musées et sites historiques

L'histoire et la culture de la grande île d'Hawaï sont riches et diversifiées et peuvent être étudiées et appréciées à travers ses musées et sites historiques. Il existe des musées sur l'île qui mettent en valeur ses caractéristiques écologiques, scientifiques, artistiques et sociales, ainsi que des lieux historiques qui illustrent ses époques anciennes, coloniales et modernes. Que vous soyez intéressé par les volcans, l'astronomie, les tsunamis, les plantations, les châteaux ou les temples, la Grande Île satisfera votre curiosité et vos goûts.

Voici quelques-uns des musées et lieux historiques les plus importants de la Grande Île :

Parc national des volcans d'Hawaï : Pour cause, c'est la destination la plus visitée de l'île. Le parc s'étend sur 505 miles carrés et abrite deux des volcans les plus actifs au monde, le Kilauea et le Mauna Loa. Le parc propose plusieurs attractions et activités, notamment l'observation des volcans, la randonnée, le camping, l'apprentissage et l'exploration. Le parc contient également deux musées : le centre d'accueil du Kilauea, qui donne des informations et des expositions sur le parc et les volcans, et le musée Jaggar, qui présente des outils et des reliques de volcanologie.

Centre d'astronomie d'Imiloa : ce musée de pointe étudie la relation entre la culture hawaïenne et l'astronomie. Le musée présente les merveilles de l'univers et la culture des voyages hawaïens via des expositions interactives, des performances multimédias et un planétarium. Le musée propose également des programmes éducatifs, des activités culturelles et des occasions d'observer les étoiles.

Le Pacific Tsunami Museum enseigne au public l'histoire et la science des tsunamis, en particulier ceux qui ont touché Hawaï et la région du Pacifique. Le musée présente des images, des films, des modèles et des reliques qui racontent l'histoire des tsunamis tragiques de l'île, comme ceux de 1946 et 1960. Le musée propose également des conseils et des informations sur la façon de se préparer et d'y survivre.

Palais Hulihee : Cet ancien palais était à l'origine la résidence de vacances de l'aristocratie hawaïenne, dont le roi Kalakaua et la reine Kapiolani. Le palais a été achevé en 1838 et est aujourd'hui un musée présentant des meubles, des reliques et des images de la famille royale. Des concerts mensuels et des activités culturelles célébrant la musique et la danse hawaïennes sont également organisés dans le palais.

Site historique national Puukohol Heiau : Il s'agit d'un site historique qui protège et interprète l'un des heiaus (temples) les plus importants d'Hawaï.

Le roi Kamehameha le Grand a érigé le heiau en 1791 dans le cadre de sa quête visant à unifier les îles hawaïennes. Le heiau était dédié à la divinité de combat Kilimoku et était utilisé comme lieu de sacrifice humain pour commémorer la conclusion des conflits. D'autres heiaus, un centre touristique et une passerelle avec vue sur l'océan et les animaux font également partie du site.

Festivals et événements culturels

La grande île d'Hawaï propose un large éventail de festivals et d'événements culturels qui commémorent les caractéristiques naturelles, artistiques et historiques de l'île, ainsi que ses liens locaux et mondiaux. Tout au long de l'année, l'île accueille des festivals et des événements culturels pour répondre à une variété d'intérêts et de préférences.

Des festivals et des événements culturels peuvent être organisés dans diverses régions, notamment Hilo, Kona, Waimea et Volcano. Il existe d'autres festivals et événements culturels qui offrent de nombreuses attractions et activités telles que la musique, la danse, la gastronomie, l'art, le sport et l'éducation.

Voici quelques-uns des principaux festivals et événements culturels de Big Island :

Le Merrie Monarch Festival est l'un des meilleurs endroits pour en apprendre davantage sur la culture hawaïenne et le hula. Cet événement, organisé en avril à Hilo, est une commémoration d'une semaine de l'héritage du roi David Kalkaua, connu sous le nom de « Merrie Monarch » pour son amour de la musique et de la danse. Un défilé, un marché artisanal, un concours de hula et une présentation à la cour royale font partie de la célébration.

Des milliers de touristes et de participants du monde entier assistent à l'événement pour découvrir la beauté et l'esprit du hula.

Festival culturel du café Kona : C'est l'un des plus grands événements pour déguster et découvrir le café Kona de renommée mondiale. Ce festival, organisé à Kona chaque mois de novembre, célèbre pendant 10 jours la tradition et la culture du café de la grande île.

Un concours de dégustation de café, un concours de cueillette de café, une visite d'une ferme de café, une exposition d'art sur le café et une procession de lanternes à café font tous partie de l'événement. L'événement met également en valeur les arts, l'artisanat, la musique et la gastronomie autochtones de l'île.

L'un des plus grands événements en matière d'observation des oiseaux et de conservation est le Festival des oiseaux de l'île d'Hawaï.

Cet événement de quatre jours, organisé en septembre sur divers sites de l'île, promeut la diversité et la valeur des oiseaux d'Hawaï. Des excursions guidées d'observation des oiseaux, des séminaires, des conférences, des films et un dîner de gala font partie du festival. Le festival profite également au Hawaii Wildlife Center, une organisation à but non lucratif qui sauve et réhabilite les oiseaux et les chauves-souris indigènes.

HawaiiCon : C'est l'un des plus grands événements pour les fans et les créateurs de science-fiction et de fantasy. Cette conférence de quatre jours, organisée en septembre à Waikoloa, rassemble des célébrités, des artistes, des écrivains, des cosplayers, des joueurs et des passionnés de science-fiction et de fantasy.

Des panels, des séminaires, des films, des autographes, des séances de photos et des fêtes font tous partie de l'événement.

L'événement propose également des activités uniques comme l'observation des étoiles, la plongée et des excursions volcaniques.

Festival de musique de la forêt tropicale du Volcano Art Center : c'est l'un des meilleurs festivals pour apprécier la musique et l'art de la forêt tropicale. Ce festival, organisé à Volcano en août, est un événement d'une journée qui met en valeur les talents et la créativité des musiciens et artistes locaux. Des concerts en direct, des démonstrations d'art, des vendeurs d'artisanat et des stands de nourriture font tous partie de l'événement. La célébration rend également hommage à la beauté et à la variété naturelles de la forêt tropicale, qui abrite de nombreuses espèces rares et menacées.

Art, musique et danse

La grande île d'Hawaï offre une gamme diversifiée et dynamique d'art, de danse et de musique qui reflètent les caractéristiques naturelles, culturelles et historiques de l'île, ainsi que ses liens locaux et mondiaux.

L'île propose une variété de lieux et d'événements qui mettent en valeur son art, sa danse et sa musique, répondant à un large éventail d'intérêts et de penchants. L'art, la danse et la musique peuvent être trouvés dans une variété de sites, notamment Hilo, Kona, Waimea et Volcano. Il existe également des styles et des genres de peinture, de danse et de musique, tels que hawaïen, moderne, classique ou mondial.

Voici quelques-uns des meilleurs lieux et événements artistiques, de danse et de musique sur la Grande Île :

Volcano Art Center : C'est l'un des meilleurs lieux artistiques et culturels de l'île. Cette organisation à but non lucratif, située dans le parc national des Volcans d'Hawaï, soutient l'expression créative et culturelle de l'île. Le centre comprend une galerie, un studio, un théâtre et une boutique de cadeaux où les visiteurs peuvent voir et acheter des œuvres d'artistes locaux telles que des peintures, des sculptures, des bijoux et des objets artisanaux.

Le centre propose également des conférences, des ateliers, des concerts et des festivals où vous pourrez découvrir et apprécier l'art et la culture de l'île.

Le théâtre Kahilu est l'une des meilleures salles de danse et de musique de l'île. Ce théâtre, situé à Waimea, est une institution communautaire des arts du spectacle qui accueille diverses productions et activités tout au long de l'année. Le théâtre dispose d'un auditorium de 490 places, d'un théâtre boîte noire de 120 places et d'une galerie où vous pouvez voir et entendre des artistes locaux et étrangers jouer du ballet, de l'opéra, du jazz, du rock et du hawaïen. Le théâtre propose également des programmes éducatifs, des initiatives de sensibilisation et des événements communautaires auxquels vous pouvez participer et soutenir la danse et la musique de l'île.

Merrie Monarch Festival : L'un des plus grands événements pour découvrir la culture hawaïenne et le hula. Cet événement, organisé en avril à Hilo, est une commémoration d'une semaine de l'héritage du roi David Kalkaua, connu sous le nom de « Merrie Monarch » pour son amour de la musique et de la danse. Un défilé, un marché artisanal, un concours de hula et une présentation à la cour royale font partie de la célébration. Des milliers de touristes et de participants du monde entier assistent à l'événement pour découvrir la beauté et l'esprit du hula.

Festival culturel du café Kona : C'est l'un des plus grands événements pour déguster et découvrir le café Kona de renommée mondiale. Ce festival, organisé à Kona chaque mois de novembre, célèbre pendant 10 jours la tradition et la culture du café de la grande île. Un concours de dégustation de café, un concours de cueillette de café, une visite d'une ferme de café, une exposition d'art sur le café et une procession de lanternes à café font tous partie de l'événement. L'événement met également en valeur les arts, l'artisanat, la musique et la gastronomie autochtones de l'île.

HawaiiCon est l'un des plus grands rassemblements de fans et de producteurs de science-fiction et de fantasy. Cette conférence de quatre jours, organisée en septembre à Waikoloa, rassemble des célébrités, des artistes, des écrivains, des cosplayers, des joueurs et des passionnés de science-fiction et de fantasy.

Des panels, des séminaires, des films, des autographes, des séances de photos et des soirées font tous partie de l'événement. L'événement propose également des activités uniques comme l'observation des étoiles, la plongée et des excursions volcaniques.

Chapitre 9 : Restauration et cuisine

Aliments traditionnels hawaïens

Hawaï est un creuset de nombreuses cultures et cuisines, mais certains aliments sont typiquement hawaïens. Ce sont des repas qui représentent l'histoire, la géographie et l'esprit des îles. Ils sont produits avec des ingrédients locaux comme le taro, la noix de coco et les crustacés et cuits selon des techniques traditionnelles comme la cuisson à la vapeur, le rôtissage et la fermentation. Lors de votre prochain voyage sur la Grande Île, goûtez à la cuisine hawaïenne traditionnelle la plus populaire et la plus authentique.

Puis: Le Poi est un plat traditionnel hawaïen préparé à partir de racine de taro cuite et écrasée. Il a une texture épaisse, collante et quelque peu aigre et est souvent consommé avec une cuillère ou avec les doigts. Le poi est riche en glucides, vitamines et minéraux et se marie bien avec les aliments salés comme le cochon kalua, le poisson lomi lomi et le poke, ainsi qu'avec les plats sucrés comme le kolo et le haupia. Le Poi est également considéré comme une cuisine sacrée dans la culture hawaïenne, représentant le lien entre les hommes et la terre.

Porc rôti: Le porc Kalua est un mets délicieux et fumé obtenu en rôtissant un cochon entier dans un four souterrain connu sous le nom d'imu. Le cochon est enveloppé dans des feuilles de bananier ou de ti et rôti sur des pierres chaudes et des braises pendant plusieurs heures. En conséquence, la viande est douce, juteuse et savoureuse et elle se détache des os. Le porc Kalua est généralement servi avec du riz, une salade de macaronis et des poi, ou il peut être râpé et mis dans des sandwichs ou des tacos. Le porc Kalua est un plat populaire lors des luaus, fêtes hawaïennes organisées pour commémorer les grandes occasions.

Saumon Lomi Lomi: Lomi Lomi Salmon est une salade légère composée de dés de saumon cru, de tomates, d'oignons et d'oignons verts assaisonnés de sel et de jus de citron. Parce que les ingrédients sont doucement mélangés à la main, le mot lomi lomi signifie « masser » en hawaïen. Le poisson lomi lomi froid est généralement servi en accompagnement ou en apéritif avec du poi ou des craquelins. Parce que le saumon a été introduit dans les îles par les commerçants de fourrures du nord-ouest du Pacifique, le saumon lomi lomi est un mélange de cuisines hawaïenne et amérindienne.

Feuille Feuille: Lau lau est une cuisine substantielle composée de feuilles de taro ou de luau enroulées autour de viande, de poisson ou de légumes et cuites jusqu'à ce qu'elles soient tendres. Les garnitures les plus fréquentes sont du porc, du poulet ou du butterfish, avec un morceau de poisson salé ou de la graisse pour faire bonne mesure.

Le lau lau est généralement consommé avec du riz et du poi et peut être préparé dans une casserole, une cocotte minute ou un imu. Le lau lau est un repas traditionnel hawaïen qui était autrefois servi en hommage aux dieux et aux dirigeants.

Poussée: Le poke est un plat populaire et délicieux composé de dés de poisson cru marinés dans de la sauce soja, de l'huile de sésame et d'autres assaisonnements, comme du thon, du saumon ou du poulpe. Le poke peut être garni d'une variété d'ingrédients, notamment des algues, des oignons verts, des graines de sésame, de l'avocat et de la mayonnaise épicée. Le poke peut être servi seul, avec du riz ou avec de la salade. Le Poke est un repas hawaïen contemporain issu de l'histoire de la pêche des îles, lorsque les pêcheurs dégustaient des fruits de mer frais assaisonnés de sel et d'algues.

Restaurants et gastronomie

La grande île d'Hawaï propose un large éventail d'alternatives gastronomiques adaptées à votre palette et à votre sens de l'aventure. Vous pouvez choisir un restaurant qui correspond à vos goûts et à votre budget, que vous souhaitiez une cuisine du Pacifique, une fusion hawaïenne-asiatique ou des délices français. Ces excellents lieux de restauration exciteront vos sens et combleront votre appétit, avec tout, des vues sur la mer aux intérieurs confortables, de la nourriture de la ferme à la table aux boissons innovantes. Voici quelques-uns des meilleurs endroits de la Grande Île pour prendre un souper raffiné.

Ulu Ocean Grill : Situé au sein du Four Seasons Resort Hualalai, Ulu Ocean Grill se concentre sur la cuisine du Pacifique avec une approche de la ferme à la table. Travaillant en étroite collaboration avec plus de 160 fermes locales, ils peuvent obtenir plus de 75 % de la nourriture qu'ils servent directement de la richesse de la Grande Île.

Ils créent leurs délices au four, au wok et même sur une flamme nue, en utilisant des techniques culinaires éprouvées. Leur menu change selon les saisons, mais des plats comme le poulpe au charbon de bois, les pattes de crabe royal grillées et le Misoyaki Kanpachi sont au menu. Réservez une table sur la véranda au coucher du soleil pour la meilleure expérience culinaire.

Canoe House : Faisant partie de la collection Mauna Lani Auberge Resorts, Canoe House est l'endroit où aller à Waimea pour une expérience culinaire gastronomique mémorable. Ils ont tous les meilleurs plats fusion hawaïens-asiatiques, tels que le Warayaki, le Smoked Pork Jowl et le Wagyu Rib Eye, au centre de leurs opérations. Il y a aussi un bar à sushis, un bar cru et un bar à desserts où vous pourrez savourer des fruits de mer frais, des fruits exotiques et des délices gourmands. Le restaurant offre une belle vue sur l'océan et une atmosphère romantique.

Hualalai Grille : Une autre offre du Four Seasons Resort Hualalai, Hualalai Grille propose des repas en plein air sur le 18e green. Vous pourrez satisfaire vos demandes de délices frais de l'île pendant que les joueurs se frayent un chemin vers la victoire. Venez avant 17h30. pour les cocktails du bar complet ainsi que les petites bouchées, notamment le cocktail de crevettes, le poulet Mochiko et les nachos Ahi Poke. Ils peuvent également vous préparer un dîner coûteux quand vous le souhaitez. Arrêtez-vous simplement après les heures d'ouverture du salon pour déguster une gamme d'excellents apéritifs, salades et plats principaux, y compris leur A La Plancha pour deux.

La Bourgogne : Si vous recherchez de la cuisine française à Kona, La Bourgogne est l'endroit où aller. Ce restaurant pittoresque et élégant propose un menu français composé d'articles cueillis à la main auprès des agriculteurs et des marchés locaux. Des spécialités classiques telles que les escargots, le foie gras et la bouillabaisse sont disponibles, ainsi que des spécialités du jour telles que le confit de canard, le jarret d'agneau et la queue de homard. Ils proposent également une large carte des vins avec des options de France, d'Italie et de Californie. Les desserts comprennent la crème brûlée, la mousse au chocolat et la tarte tatin.

Marchés de producteurs et produits locaux

Visiter les marchés de producteurs de la Grande Île est l'une des meilleures façons de découvrir la gamme et la fraîcheur des aliments de l'île. Partout sur l'île, il existe des centaines de marchés de producteurs, chacun proposant un mélange distinct de légumes locaux, de plats cuisinés, d'artisanat et de divertissements. Les fruits, légumes, herbes et fleurs exotiques, ainsi que le miel, le café, le chocolat, le fromage et le pain, sont tous produits ou transformés sur l'île. Vous pouvez également déguster de délicieuses spécialités provenant d'une variété de cuisines, notamment hawaïenne, thaïlandaise, indienne, mexicaine et autres.

Les marchés de producteurs sont également d'excellents lieux pour rencontrer et converser avec des agriculteurs, des artistes et des chefs locaux, ainsi que pour en apprendre davantage sur leurs produits et leurs histoires. Voici quelques-uns des marchés de producteurs les plus connus et les plus recommandés de la Grande Île :

Marché fermier de Hilo : situé au centre-ville de Hilo, il s'agit du marché fermier le plus grand et le plus connu de l'île. Il est ouvert tous les jours, mais le mercredi et le samedi sont les jours idéaux pour y aller car plus de 200 vendeurs y installent leurs stands. Des fruits tropicaux tels que la papaye, la mangue, le litchi, le ramboutan, le fruit du dragon et d'autres sont disponibles, tout comme les légumes, les fleurs, les plantes, les noix et les épices. Des aliments fraîchement préparés tels que du poke, des sushis, des crêpes, des smoothies et des pâtisseries sont également disponibles.

Tout au long de l'année, le marché accueille également de la musique live, des actes culturels et des événements spéciaux.

Marché fermier du village de Kona : situé au milieu de Kailua-Kona, près de la bibliothèque publique et de l'eau, il s'agit d'un marché fermier pratique et animé. Il est ouvert de 7h00 à 16h00, du mercredi au dimanche. Des légumes locaux tels que l'avocat, l'ananas, la noix de coco, la banane et le gingembre peuvent être trouvés, ainsi que des œufs, du fromage, de la viande et des fruits de mer biologiques. Vous pouvez également vous faire masser, vous faire couper les cheveux ou vous faire tatouer au henné tout en achetant des objets artisanaux, des bijoux, des vêtements et des souvenirs. Il y a aussi une aire de restauration où vous pourrez déguster une cuisine de nombreuses cultures, notamment thaïlandaise, philippine, mexicaine et hawaïenne.

Marché fermier de Keauhou : situé dans le centre commercial de Keauhou, en face d'Ace Hardware, ce marché fermier charmant et joyeux. Tous les samedis de 8h00 à 12h00 Des produits locaux tels que des agrumes, des légumes verts, des herbes, des champignons et des tomates sont disponibles, ainsi que du café, du thé, du miel, de la confiture et des noix de macadamia. Vous pourrez également déguster certains des meilleurs produits de boulangerie de l'île, notamment du pain, des tartes, des gâteaux et des biscuits, ainsi que des plats salés comme des pizzas, des burritos et des sandwichs. Il y a aussi de la musique live, des démonstrations culinaires et des programmes éducatifs sur le marché.

Chapitre 10 : Shopping et souvenirs

Quartiers commerçants

La grande île d'Hawaï comprend plusieurs zones commerciales avec un large éventail de magasins, boutiques, galeries et marchés. Que vous recherchiez des souvenirs, des vêtements, des bijoux, des œuvres d'art ou des objets locaux, ces endroits auront quelque chose à répondre à vos goûts et à votre budget. Voici quelques-unes des zones commerciales les plus populaires et les plus connues de la Grande Île :

Village historique de Kailua : il s'agit du principal quartier commercial de Kona, où vous pourrez vous promener le long du rivage et découvrir des magasins, des restaurants et des sites touristiques. Il y a des magasins de surf, des boutiques de souvenirs et des magasins de vêtements, ainsi que des galeries d'art, des cafés et des librairies. Le

Kona Inn Shopping Village, le Coconut Grove Marketplace et la Kona Oceanfront Gallery valent tous des arrêts intéressants.

Waikoloa Beach Resort : un complexe hôtelier sur la côte de Kohala proposant des boutiques, des restaurants et des divertissements haut de gamme. Il existe deux centres commerciaux parmi lesquels choisir : le Queens MarketPlace et les Kings' Shops. Tous deux proposent une sélection diversifiée de détaillants, notamment des boutiques hawaïennes, des marques mondiales, des bijouteries et des boutiques de cadeaux. Les lieux accueillent également de la musique live, des activités culturelles et des projections de films.

Hilo : C'est la plus grande ville du côté est de l'île, et elle a un caractère local décontracté. Il existe une variété d'entreprises vendant de tout, des antiquités, des vêtements vintage et des disques à l'artisanat, aux livres et aux articles biologiques.

Vous pouvez également vous rendre au marché fermier de Hilo, l'un des meilleurs et des plus grands de l'île, proposant des fruits frais, des légumes, des fleurs et des plats cuisinés.

Artisanat de la région

Si vous recherchez des souvenirs uniques et significatifs de la Grande Île, vous pouvez découvrir l'artisanat local fabriqué par des artistes exceptionnels. Ceux-ci ne sont pas seulement beaux et pratiques, mais ils symbolisent également la culture, l'histoire et le caractère de l'île. Des courtepointes, des bijoux, des boiseries, du verre, de la poterie et d'autres objets artisanaux locaux peuvent être trouvés dans une variété de magasins, de galeries et de marchés. Voici quelques-uns des objets artisanaux les plus populaires et hautement recommandés de Big Island :

Courtepointes hawaïennes : Les courtepointes hawaïennes sont un type d'art distinct qui a évolué à partir de l'adaptation des techniques de couture occidentales par les autochtones hawaïens. Ils se distinguent par leurs motifs symétriques et géométriques, fréquemment inspirés de la flore, des animaux et des symboles des îles. Ils sont également fabriqués dans des couleurs vives et contrastées, avec une toile de fond unie et un seul motif appliqué. Les courtepointes hawaïennes sont utilisées comme tentures murales, chemins de table et oreillers en plus des couvre-lits.

Boiseries Koa : Le bois de Koa est un bois dur naturel apprécié pour sa résistance, sa durabilité et sa beauté. Il a une teinte riche et variée allant du doré au brun rougeâtre et est tachetée de stries et de grains noirs. Le bois de Koa est utilisé pour fabriquer une variété de produits, notamment des bols, des boîtes, des meubles, des instruments et des sculptures. Les boiseries Koa sont un monument au savoir-faire et à l'ingéniosité des menuisiers indigènes, qui façonnent et polissent le bois en utilisant des techniques à la fois traditionnelles et modernes. De magnifiques et uniques boiseries de koa peuvent être trouvées aux [Simply Wood Studios] à Kona, au [Volcano Art Center] à Volcano et [Martin & MacArthur] à Waikoloa.

Art du verre : L'art du verre est un type d'art dans lequel le verre est manipulé sous diverses formes, couleurs et textures. L'art du verre peut être réalisé à l'aide de diverses techniques, notamment le soufflage, le moulage, la fusion, l'affaissement et le travail au chalumeau. L'art du verre peut être utilisé pour créer une variété d'objets, notamment des vases, des bols, des assiettes, des décorations et des bijoux. L'art du verre est une démonstration de la capacité et de l'ingéniosité des artisans verriers de l'île, inspirés par la beauté naturelle et la lumière. Des œuvres d'art en verre magnifiques et uniques peuvent être vues aux [Lava Light Galleries](5) à Kona, à la [Big Island Glass Gallery] à Keaau et à [Kula Kai] à Kula.

La poterie est un type d'art dans lequel l'argile est façonnée et cuite sous diverses formes telles que des pots, des tasses, des assiettes et des sculptures. La poterie peut être décorée de diverses manières, notamment par glaçage, peinture, sculpture et estampage. La poterie peut être utilisée pour diverses tâches, notamment la cuisine, le service, le stockage et l'exposition. La poterie reflète la culture et l'individualité des potiers qui utilisent l'argile, les minéraux et les plantes locales comme matériaux et thèmes. De belles poteries uniques en leur genre peuvent être trouvées chez [Clay by the Bay] à Kona, [Hawaii Potters' Guild] à Honolulu et [Maui Hands] à Paia.

Galeries d'art et boutiques

De nombreux artistes talentueux et diversifiés vivent sur la grande île d'Hawaï, où ils créent des œuvres d'art magnifiques et uniques dans une variété de médiums tels que la peinture, la photographie, la sculpture, le verre, le bois, etc. Vous pouvez examiner et acheter leurs œuvres dans les différentes galeries d'art et magasins qui parsèment l'île. Que vous recherchiez une œuvre d'art pour décorer votre maison, un souvenir de votre voyage ou un cadeau pour quelqu'un de spécial, ces boutiques auront quelque chose pour répondre à vos goûts et à votre budget. Voici quelques-unes des galeries d'art et boutiques les plus connues et hautement recommandées de la Grande Île :

Galerie Genesis : Avec deux sites à Waikoloa, c'est l'une des meilleures galeries d'art de l'île. Des artistes locaux et internationaux tels que Wyland, Michael Flohr, Alex Gupton et Caroline Zimmermann sont représentés. Les peintures, sculptures, bijoux et verres peuvent tous être trouvés dans une variété de styles, de sujets et de tailles. L'expédition, l'encadrement et l'installation sont également disponibles dans la galerie.

Seaside Art Gallery : Rosemary Miller, une grande peintre, possède cette charmante et pittoresque galerie à Kailua-Kona. Il expose ses peintures variées et charmantes, qui capturent l'âme et la beauté de l'île. D'autres œuvres d'art réalisées par des artisans locaux comprennent des bijoux en verre, des soieries, des poteries et des boiseries. Des cours d'art, des ateliers et des événements sont également organisés à la galerie.

One Gallery : Il s'agit d'un groupe d'artistes basé à Hilo qui crée et vend des œuvres d'art, des cadeaux, des bijoux, de la poterie et d'autres objets. Les peintures, gravures, cartes, bougies, savons et sacs à main sont tous disponibles dans une variété de styles, de couleurs et de prix.

Vous pouvez également interagir avec les artistes et en découvrir davantage sur leurs parcours et leurs influences.

Gupton Gallery est une galerie moderne en bord de mer à Kona qui expose les œuvres du célèbre artiste Alex Gupton. Il est bien connu pour ses peintures réalistes des paysages, de la faune et de la culture de l'île. D'autres objets d'artisans locaux, tels que des sculptures, des bijoux et du verre, sont également disponibles. De plus, la galerie organise des expositions et des activités virtuelles.

Volcano Art Center : Il s'agit d'un centre culturel à but non lucratif situé à Volcano, près du parc national des volcans d'Hawaï. À travers des expositions, des ateliers, des conférences et des événements, il promeut et protège l'héritage créatif et culturel de l'île.

Des œuvres d'artistes locaux sont disponibles, notamment des courtepointes, des boiseries, des céramiques et des bijoux, ainsi que des livres, des CD et des DVD. Il y a aussi un café, un parc et un théâtre dans l'établissement.

Chapitre 11 : Itinéraires

Un itinéraire de 5 jours

Arrivée et orientation le jour 1

Bienvenue sur la grande île d'Hawaï, la plus grande et la plus diversifiée des îles hawaïennes. Vous êtes sur le point de vous lancer dans un voyage incroyable qui vous mènera à des plages à couper le souffle, de magnifiques volcans, des jungles luxuriantes et des lieux historiques importants. Mais avant de vous plonger dans les délices de l'île, vous devez d'abord vous situer et vous installer dans votre logement.

Selon d'où vous venez, vous atterrirez probablement à l'aéroport international de Kona (KOA) à l'ouest de l'île ou à l'aéroport international de Hilo (ITO) à l'est. Les deux aéroports sont modestes et simples à gérer, avec des options de location de voitures, de taxis et de navettes disponibles.

Pour visiter l'île, vous aurez besoin d'une voiture car les transports en commun sont limités et peu fiables.

Vous pouvez réserver une voiture à l'avance ou à votre arrivée, mais nous vous recommandons de réserver en ligne pour bénéficier des meilleures réductions et éviter les longues files d'attente.

Vous pouvez vous rendre à votre hébergement en voiture et vous enregistrer une fois que vous avez récupéré votre voiture. Nous vous recommandons de séjourner à Kona ou Waikoloa du côté ouest, qui offrent plus d'options d'hébergement, de restauration et de divertissement et sont plus proches de nombreuses attractions. En fonction de votre budget et de vos préférences, vous pouvez séjourner dans des hôtels, des centres de villégiature, des copropriétés, des locations de vacances ou des chambres d'hôtes.

Une fois installé, vous pourrez passer le reste de la journée à visiter la région environnante et à découvrir la topographie, le climat et la culture de l'île. Vous pouvez acheter des produits de première nécessité et des souvenirs dans certaines entreprises, marchés et galeries locaux.

Vous pourrez également découvrir certaines des spécialités de l'île, telles que le café Kona, les noix de macadamia ou le chocolat, ainsi que certains plats locaux, tels que le poke, le déjeuner en assiette ou la glace pilée.

Au coucher du soleil, vous pourrez vous détendre sur l'une des nombreuses plages magnifiques de la côte ouest, comme Hapuna Beach, Mauna Kea Beach ou Kua Bay. Nagez, faites de la plongée avec tuba, du surf ou du paddle board dans l'océan bleu cristal, ou détendez-vous simplement sur le sable fin et blanc et regardez le ciel changer de teinte.

Vous pouvez également prendre un bateau au coucher du soleil ou une excursion nocturne avec tuba avec des raies manta pour avoir une nouvelle perspective sur la vie aquatique de l'île.

Après une journée complète de voyage et de visites, vous pourrez rejoindre votre hébergement et vous reposer. Il ne vous reste que six jours pour découvrir les sites et activités incroyables de la Grande Île, et vous ne voulez en manquer aucun.

Jour 2 : Monuments emblématiques

Le deuxième jour de votre itinéraire sur la Grande Île, vous découvrirez certains des sites et sites historiques les plus célèbres de l'île. Vous en découvrirez davantage sur la culture, l'histoire et la géologie de l'île, tout en profitant de sa beauté et de sa diversité naturelles. Le jour 2, vous visiterez les endroits suivants :

Parc national des volcans d'Hawaï : Abritant deux volcans actifs, le Kilauea et le Mauna Loa, c'est l'un des parcs nationaux les plus intrigants et les plus pittoresques des États-Unis sur le plan géologique. Le Crater Rim Drive et la Chain of Craters Road offrent des vues imprenables sur les caractéristiques volcaniques du parc, notamment les cratères, les coulées de lave, les bouches de vapeur et les cônes de scories.

Des sentiers de randonnée comme le Kilauea Iki Trail, le Devastation Trail et le Thurston Lava Tube Trail vous emmèneront au plus profond du terrain volcanique. Vous pouvez également visiter le musée Jaggar, qui présente des expositions et des documentaires sur les volcans et les éruptions.

Réserve de pétroglyphes de Waikoloa : Il s'agit d'un lieu saint qui préserve des centaines de vieilles sculptures rupestres hawaïennes, ou pétroglyphes. Les pétroglyphes représentent de nombreux symboles et images, tels que des individus, des animaux, des plantes et des formes géométriques, et symboliseraient l'histoire, la culture et la religion des habitants de l'île. Le Malama Trail, un cercle de 2,3 km qui commence près des Kings' Shops à Waikoloa, mène à la réserve. Vous pourrez également observer une partie de la végétation et de la faune indigènes de l'île tout au long du voyage.

Palais Hulihe'e : Cette ancienne maison était autrefois la résidence de vacances de la noblesse hawaïenne. Le gouverneur John Adams Kuakini l'a érigé en 1838 et a ensuite été utilisé par le roi Kamehameha III, le roi Kalakaua et la reine Kapiolani. Le palais est actuellement un musée qui présente le mobilier, les antiquités et les portraits de la famille royale, ainsi que l'architecture et le design hawaïens et victoriens.

Vous pouvez faire une visite guidée du palais ou assister à l'une des activités culturelles organisées sur le terrain, notamment des concerts, des spectacles de hula et des conférences.

La statue Kamehameha est une statue en bronze qui célèbre le roi Kamehameha Ier, fondateur et premier monarque du royaume d'Hawaï. On lui attribue l'unification des îles hawaïennes et l'établissement d'un cadre juridique et politique qui a duré jusqu'au renversement de la monarchie en 1893. Il est représenté dans une attitude royale, portant une robe de plumes et un casque et brandissant une lance. La statue est placée à Kapaau, près de son lieu de naissance, devant le centre civique de North Kohala. C'est l'une des quatre sculptures Kamehameha d'Hawaï et l'un des sites les plus visités et photographiés de l'île.

Jour 3 : Perspectives historiques

Le troisième jour de votre visite de la Grande Île, vous découvrirez l'histoire riche et intéressante de l'île, des temps anciens à la période actuelle. Vous explorerez certains des monuments et monuments historiques les plus importants, et découvrirez la culture, les traditions et les événements qui ont façonné l'identité et le destin de l'île. Le jour 3, vous visiterez les endroits suivants :

Site historique national Puukohola Heiau : Il s'agit d'un lieu sacré qui protège l'un des heiau (temples hawaïens) les plus grands et les plus importants de l'île. Il a été érigé en 1791 dans le cadre de la vision du roi Kamehameha Ier d'unifier les îles hawaïennes sous son autorité. Il consacra le heiau à sa divinité de combat Kukailimoku et sacrifia des humains, dont son chef rival Keoua.

Le heiau est un gigantesque bâtiment en pierre qui mesure 224 pieds sur 100 et mesure 20 pieds de haut. En vous promenant autour du heiau, vous pourrez observer les ruines de constructions supplémentaires telles que des habitations, des clôtures et des plates-formes. Il y a aussi un centre touristique avec des expositions et des films sur le heiau et son histoire.

Parc historique d'État de Lapakahi : ce monument culturel et historique préserve les ruines d'une ancienne communauté de pêcheurs hawaïens du 14ème siècle. Le parc peut être exploré en suivant un itinéraire autoguidé qui mène à de nombreuses attractions telles que des sites d'habitation, des abris pour canots, des étangs à poissons, des sanctuaires et des jeux. Il existe également des plantes et des animaux locaux que les habitants utilisent pour se nourrir, se soigner et fabriquer des objets artisanaux.

Vous pouvez également participer à des activités culturelles telles que créer des cordes, jouer à des jeux et découvrir le mode de vie hawaïen.

Lyman Museum and Mission Home : Ce musée et cette maison historique racontent le récit de l'histoire naturelle et culturelle de l'île, des origines volcaniques à nos jours. Les expositions et les objets du musée couvrent un large éventail de sujets, notamment la géologie, l'écologie, l'anthropologie, l'art et la religion. Des spécimens de roches, de minéraux, de fossiles, de plantes et d'animaux sont exposés, ainsi que des artefacts, des peintures et des images représentant les habitants et les paysages de l'île. Vous pouvez également vous rendre à la maison de la mission, fondée en 1839 par les premiers missionnaires chrétiens de l'île, David et Sarah Lyman. La maison est équipée d'antiquités authentiques et historiques et représente le style de vie et l'héritage de la famille missionnaire.

Le Pacific Tsunami Museum enseigne et informe le public sur la science et l'histoire des tsunamis, en particulier ceux qui ont dévasté l'île et la région du Pacifique. Les expositions et les expositions du musée décrivent les causes et les impacts des tsunamis, ainsi que les techniques d'alerte et de prévention.

Il existe également des images, des films et des descriptions personnelles de certains des tsunamis les plus destructeurs qui ont frappé l'île, notamment ceux de 1946 et 1960. Le musée rend également hommage aux victimes et aux survivants du tsunami tout en sensibilisant et en se préparant aux catastrophes futures.

Jour 4 : Culture et Art

Vous verrez certaines des meilleures galeries, musées et studios de la ville, ainsi que profiterez des œuvres d'artistes locaux et internationaux. Vous pourrez également découvrir certaines des musiques, des danses et des festivals de l'île, ainsi que découvrir l'histoire et les traditions de l'île. Le jour 4, vous visiterez les endroits suivants :

Volcano Art Center : Il s'agit d'un centre culturel à but non lucratif situé à Volcano, près du parc national des volcans d'Hawaï. À travers des expositions, des ateliers, des conférences et des événements, il promeut et protège l'héritage créatif et culturel de l'île.

Des œuvres d'artistes locaux sont disponibles, notamment des courtepointes, des boiseries, des céramiques et des bijoux, ainsi que des livres, des CD et des DVD. Il y a aussi un café, un parc et un théâtre dans l'établissement.

Centre d'art Donkey Mill : situé à Holualoa, à l'extérieur de Kona, ce centre d'art communautaire et ce lieu historique. Il est situé dans un moulin à café historique des années 1920 et entouré d'une plantation de café. Pour les résidents et les touristes, le centre propose des activités d'éducation artistique et de sensibilisation, ainsi que des expositions, des résidences et des événements. Des peintures, des gravures, des sculptures et des céramiques d'artistes locaux et invités peuvent être vues et achetées.

Lava Light Galleries est une galerie moderne en bord de mer à Kona qui expose le travail des célèbres photographes CJ Kale et Nick Selway. Ils sont connus pour leurs photographies à couper le souffle et audacieuses des volcans, des coulées de lave, des cascades et des vagues de l'île.

D'autres œuvres d'art réalisées par des artisans locaux, telles que du verre, des bijoux et des boiseries, sont également disponibles. De plus, la galerie organise des expositions et des activités virtuelles.

Hula Arts à Kilauea : Le Volcano Art Center organise une série mensuelle d'activités culturelles gratuites au parc national des volcans d'Hawaï. Des artistes et praticiens locaux présenteront de la musique live, du hula et des contes, et vous découvrirez l'histoire et l'importance du hula et de la culture hawaïenne. Les activités ont normalement lieu le troisième samedi de chaque mois, de 10h30 à 11h30, à l'Auditorium du Kilauea Visitor Center.

Événement Merrie Monarch : organisé chaque année à Hilo, il s'agit de l'événement de hula le plus grand et le plus important au monde.

Il est dédié à la mémoire et à l'héritage du roi David Kalakaua, qui a restauré et promu le hula et la culture hawaïenne au XIXe siècle.

Une célébration d'une semaine des arts hula et hawaïens est organisée tout au long du festival, qui comprend des concours, des expositions, des défilés et des spectacles. La célébration est souvent célébrée en avril, mais les dates peuvent changer en fonction des vacances de Pâques.

Jour 5 : Aventure en plein air

Vous participerez à certaines des meilleures expériences et activités de l'île, telles que la conduite de VTT, la tyrolienne, la plongée en apnée et le surf. Vous apprécierez également la beauté et la faune à couper le souffle de l'île, qui comprend des cascades, des jungles, des récifs coralliens et des dauphins. Le jour 5, vous visiterez les endroits suivants :

ATV Outfitters : Il s'agit de l'une des meilleures entreprises de circuits en VTT de l'île, proposant des excursions exaltantes et magnifiques dans la région de North Kohala. Vous avez le choix entre plusieurs excursions, notamment la Waterfall and Rainforest Adventure, la Ocean Cliff Adventure et la Kohala Ditch Adventure.

Vous roulerez sur des VTT bien entretenus et simples à utiliser avec des guides compétents et agréables.

Vous parcourrez des itinéraires allant de la côte aux montagnes, en passant par des forêts tropicales, des prairies et des ruisseaux. Vous découvrirez également des monuments historiques et culturels de l'île, notamment d'anciens temples, des plantations de canne à sucre et des canaux d'irrigation. Vous pourrez également nager dans une cascade privée et un trou de baignade.

Kohala Zipline : L'une des expériences de tyrolienne les plus excitantes et les plus agréables de l'île, offrant un voyage dans la canopée dans la forêt luxuriante et pittoresque de Kohala. Vous volerez sur neuf lignes distinctes d'une longueur de 120 à 1 100 pieds, atteignant des vitesses allant jusqu'à 45 mph. Il y a aussi cinq ponts suspendus, deux rappels et un mur d'escalade de 20 pieds à traverser. Vous apprécierez les vues panoramiques sur l'océan, les montagnes et les vallées, ainsi que sur la flore et la faune de la forêt.

Vos guides expérimentés et engageants vous apprendront également la nature, l'histoire et la culture de la région.

La baie de Kealakekua est un sanctuaire marin qui abrite une variété de poissons colorés, de coraux et de tortues. C'est l'une des baies les plus vierges et protégées de l'île. C'est également un monument historique et culturel car c'est là que le capitaine James Cook est arrivé et est décédé en 1779. De l'autre côté de la baie, un mémorial en son honneur a été construit. Le Captain Cook Monument Trail, un parcours aller-retour de 6 km offrant de belles vues sur l'eau et la côte, mène à la baie. Alternativement, vous pouvez faire une croisière en kayak, en bateau ou avec tuba jusqu'à la baie jusqu'au monument. Vous pourrez faire de la plongée avec tuba dans des eaux propres et calmes et observer la magnifique vie marine. Vous pourriez rencontrer de sympathiques dauphins qui visitent la baie.

Kahalu'u Beach Park : C'est l'une des plages les plus grandes et les plus populaires de l'île, en particulier pour les débutants qui apprennent le surf ou le stand-up paddle. La plage comporte un petit récif abrité, qui génère des vagues douces et un environnement de surf sûr. Des planches de surf, des planches à pagaie et du matériel de plongée avec tuba peuvent être loués à proximité, et des cours peuvent être suivis auprès d'instructeurs locaux. Vous pouvez également faire du snorkeling sur le récif pour observer certaines espèces locales et tortues. Des toilettes, des douches, des tables de pique-nique et des sauveteurs sont tous disponibles sur la plage.

Chapitre 12 : Rester en sécurité et responsable

Conseils de santé et de sécurité

Il faut éviter de marcher seul ou dans des lieux inconnus, notamment à proximité de falaises, de champs de lave ou de cascades. Les itinéraires de randonnée peuvent être glissants, escarpés ou instables, et certains peuvent nécessiter un permis ou un guide. Gardez toujours avec vous une carte, une boussole, une lampe de poche, de l'eau, de la nourriture et une trousse de premiers soins. Dites à quelqu'un où vous allez et quand vous reviendrez.

Gardez un œil sur la faune et la flore qui peuvent présenter un danger ou causer des nuisances. Les cochons sauvages, les mangoustes, les mille-pattes et les scorpions, par exemple, peuvent être violents ou venimeux. Les orties, l'herbe à puce et les épines de Kiawe sont des exemples de plantes qui peuvent provoquer des irritations ou des maladies cutanées.

Gardez vos distances avec la faune et les plantes et ne les nourrissez pas, ne les touchez pas et ne vous en approchez pas.

Préparez-vous aux crises et aux catastrophes naturelles comme les tremblements de terre, les tsunamis, les tempêtes, les inondations, les glissements de terrain et les éruptions volcaniques qui peuvent survenir sur l'île. Suivez les [directives de préparation aux situations d'urgence] et restez à l'écoute des mises à jour et des instructions des médias et des autorités locales. Préparez un plan d'évacuation et un kit d'abri sur place.

Étiquette culturelle et respect

Les autochtones hawaïens, les Polynésiens, les Asiatiques, les Américains et d'autres personnes qui se sont installés sur les îles ont influencé les cultures riches et diverses d'Hawaï. Respecter et apprécier le patrimoine culturel et la variété des gens et de la terre.

Découvrez l'histoire et les coutumes d'Hawaï, telles que la monarchie, le renversement, la création d'un État, l'esprit aloha, le hula, le lei, le luau et la langue hawaïenne. Visitez le [Palais Iolani], le [Parc historique national Pu'uhonua o Honaunau] et le [Centre culturel polynésien], entre autres attractions historiques et culturelles. Participez à des événements et festivals culturels, notamment le [Merry Monarch Festival], les [Aloha Festivals] et le [Kona Coffee Cultural Festival].

Respectez les caractéristiques sacrées et spirituelles d'Hawaï, telles que les [volcans], [heiau] (vieux temples), [aina] (terre) et [mana] (force spirituelle).

N'emportez aucune roche, plante, animal ou artefact de ces endroits. L'entrée ou l'intrusion dans des emplacements restreints ou privés est strictement interdite. Suivez les [kapu] (tabous) et [kuleana] (responsabilités) de la culture hawaïenne.

Soyez gentil et gentil avec les résidents et les autres invités. Utilisez des termes et des expressions typiquement hawaïens comme [aloha] (bonjour, adieu, amour), [mahalo] (merci), [kokua] (assistance, collaboration) et [malama] (soins, protection). Souriez, saluez et saluez toutes les personnes que vous rencontrez. Si vous voyez quelqu'un dans le besoin, proposez votre aide.
Ne klaxonnez pas, ne coupez pas devant les autres et ne discutez pas avec eux. Respectez l'espace personnel et la vie privée des autres.

annexe

Phrases hawaïennes essentielles

Lorsque vous visitez la grande île d'Hawaï, il est utile de connaître quelques phrases hawaïennes de base. Ils peuvent vous aider à interagir avec les gens, à faire preuve de respect pour la culture et à passer de meilleurs moments pendant vos vacances. Voici quelques phrases hawaïennes de base que vous devriez apprendre :

Bonjour (ah-loh-hah), adieu, amour ou affection. Il s'agit du terme hawaïen le plus courant et le plus adaptable que vous rencontrerez et emploierez.

Mahalo (prononcé mah-hah-loh) - Merci beaucoup. C'est une autre façon agréable et habituelle d'exprimer votre appréciation.

E komo mai (eh koh-moh mine) - Bonjour ou bienvenue. Il s'agit d'une expression accueillante et chaleureuse que vous pourriez utiliser pour saluer quelqu'un ou l'inviter chez vous.

A hui hou (ah hoo-ee ho) - Jusqu'à ce que nous nous retrouvions ou jusqu'à ce que nous nous disions adieu pour le moment. Il s'agit d'une approche aimable et positive pour dire adieu à quelqu'un.

A'ole Kilikia (prononcé ah-oh-leh pee-lee-kee-ah) - Vous êtes plus que bienvenu. Il s'agit d'une déclaration décontractée et facile à vivre que vous pourriez utiliser pour exprimer votre gratitude ou pour rassurer quelqu'un.

'oh Péhéa ? (peh-heh-ah oh-eh) - Comment ça va pour toi ? Il s'agit d'une approche simple et fréquente pour s'enquérir de la santé ou de l'humeur d'une personne.

Maika'i (my-kah-ee) signifie « bien », « bien » ou « bien ». Il s'agit d'un terme générique et positif qui peut être utilisé pour décrire quelque chose ou quelqu'un.

'Ono (oh-noh) - Délectable ou délicieux. Vous pouvez utiliser ce terme pour féliciter la cuisine de quelqu'un ou pour montrer votre amour de la nourriture.

Kipa hou mai (prononcé kee-pah ho mine) - Veuillez revenir. C'est un mot accueillant et chaleureux que vous pourriez utiliser pour dire au revoir ou pour inviter quelqu'un à revenir.

Prenez soin de vous (mah-lah-mah poh-noh) - Prenez soin de vous ou portez-vous bien. Il s'agit d'une remarque aimable et attentionnée que vous pourriez utiliser pour clore une discussion ou pour souhaiter bonne chance à quelqu'un.

Liste de contrôle pour l'emballage

Shorts et T-shirts : Ce sont les vêtements indispensables pour des vacances tropicales. Ils conviennent à la plupart des événements et activités informels de l'île.

Une belle tenue de style insulaire : Vous souhaiterez peut-être vous habiller un peu pour un bon dîner ou un luau. Un chemisier fleuri, une robe ou une jupe avec un lei peuvent être portés comme une tenue insulaire.

Des chaussures confortables sont nécessaires pour la plage, ainsi que des chaussures de marche ou des chaussures d'escalade pour visiter l'île. Parce que certains itinéraires peuvent être rocailleux ou glissants, assurez-vous qu'ils soient robustes et confortables.

Maillot de bain : Bien entendu, un maillot de bain est obligatoire pour nager, faire de la plongée en apnée, du surf ou bronzer.

Vous souhaiterez peut-être en apporter plusieurs car ils peuvent mettre beaucoup de temps à sécher.

Vêtements de protection solaire : Le soleil pouvant être assez fort à Hawaï, vous devez porter des vêtements de protection solaire pour protéger votre peau des coups de soleil et de l'épuisement dû à la chaleur. Pour vous protéger du soleil, portez des chapeaux, des lunettes de soleil, des rashguards ou des cache-maillots.

Crème solaire avec minéraux : La crème solaire est essentielle pour éviter les dommages causés par les UV et le cancer de la peau. Certains écrans solaires contiennent cependant des ingrédients qui peuvent détruire les récifs coralliens et la vie marine. Utilisez un écran solaire à base de minéraux, sans danger pour les récifs et biodégradable.

Couverture de plage : Une couverture de plage vous aidera à éviter d'avoir du sable sur vos vêtements tout en offrant un endroit confortable pour vous détendre sur la plage. Vous pouvez en choisir un léger et compact, ce qui le rend plus facile à transporter et à nettoyer.

Une serviette de plage en microfibre est une merveilleuse alternative à une serviette traditionnelle car elle est plus absorbante, sèche rapidement et prend moins de place. Il peut être utilisé pour se sécher, s'envelopper ou se protéger du soleil.

Collations et boissons : Vous pourriez avoir faim ou soif lors d'un voyage ou d'une visite de l'île, alors apportez des collations et des boissons avec vous pour rester énergique et hydraté. Les barres granola, la viande séchée, les craquelins, les amandes, les fruits secs, les bouteilles d'eau ou les boissons électrolytiques sont acceptables.

Préparez une trousse d'urgence en cas d'urgence ou de catastrophe naturelle sur l'île, comme des tremblements de terre, des tsunamis, des tempêtes, des inondations, des glissements de terrain ou des éruptions volcaniques. Suivez les [directives de préparation aux situations d'urgence] et restez à l'écoute des mises à jour et des instructions des médias et des autorités locales. Préparez un plan d'évacuation et un kit d'abri sur place.

Coordonnées

Il est bon d'avoir des contacts importants lors de la visite de la grande île d'Hawaï. Ils peuvent vous aider en cas d'urgence, de voyage, de problèmes de santé et d'autres problèmes. Sur la base de certains résultats de recherche sur le Web, voici quelques contacts cruciaux que vous souhaiterez peut-être conserver ou noter :

911 : c'est le numéro à composer si vous avez une urgence médicale importante, un incendie, une maladie mettant votre vie en danger ou un crime en cours. Soyez attentif à votre environnement et obéissez aux instructions de l'opérateur.

La Visitor Aloha Society of Hawaii est une organisation à but non lucratif qui aide les touristes confrontés à des difficultés pendant leur séjour, telles que des accidents, des maladies ou des crimes. Ils offrent une assistance émotionnelle ainsi que des références et d'autres ressources.

Vous pouvez les joindre au (808) 926-8274 pour Oahu, au (808) 245-8978 pour Kauai, au (808) 244-3530 pour Maui et au (808) 756-1472 pour l'île d'Hawaï.

Hawaii Visitors and Convention Bureau : Il s'agit de l'agence touristique officielle de l'État d'Hawaï. Ils fournissent des informations et des outils de voyage, tels que des guides de voyage, des brochures, des cartes et des événements, pour vous aider à organiser votre voyage. Vous pouvez les joindre par téléphone au (808) 923-181.

Le ministère de la Santé d'Hawaï est le département d'État chargé des questions de santé publique telles que la prévention des maladies, la qualité de l'environnement et la préparation aux catastrophes. Ils donnent des informations et des conseils en matière de santé et de sécurité sur des sujets tels que le vog, le COVID-19 et la vaccination. Vous pouvez les joindre par téléphone au (808) 586-4400.

Parc national des volcans d'Hawaï : Il s'agit d'un parc national sur l'île d'Hawaï qui comprend deux volcans actifs, le Kilauea et le Mauna Loa. La randonnée, le camping, les programmes de gardes forestiers et l'observation de la lave font partie des attractions et activités disponibles. Vous pouvez les joindre par téléphone au (808) 985-6000.

Printed in Poland
by Amazon Fulfillment
Poland Sp. z o.o., Wrocław

35506730R00087